STAFFORD CLIFF

WIE WIR *mit Dingen, die wir lieben* WOHNEN

MIT 296 FOTOGRAFIEN VON

GILLES DE CHABANEIX

Aus dem Englischen von Barbara Sternthal

CHRISTIAN BRANDSTÄTTER VERLAG

Sparsam sind die persönlichen Schätze in diesem zeitlosen Interieur verteilt *(rechts)*. In einer perfekten Balance aus Dekoration und Minimalismus reflektieren sie die Persönlichkeit der Eigentümer. Nichts Unnötiges ist hier aufgestellt, womit jedem Stück die entsprechende Aufmerksamkeit zuteil wird.

Vorhergehende Seiten
Seite 1: Das Jugendstil-Mosaik in einer Wiener Apotheke zeigt einen Engel, der eine goldene Schale in die Höhe hält.

Seite 2: Eine Vase und ein Modellbauboot an zwei Holzpuppen, die früher für traditionelle slowakische Feste in Trachten gekleidet wurden und heute als Exponate eines Freilichtmuseums in Popred dienen.

Wie wir
mit Dingen, die wir lieben
wohnen

Die Zusammenstellung moderner Elemente im Loft eines New Yorker Illustrators *(rechts)* verwandelt den Arbeitsraum in ein dekoratives Setting. Bilder lehnen an der Wand und suggerieren eine Galerie, weiße und schwarze Keramik wurde auf einem Wandregal arrangiert, als wäre sie in einer Töpferei zum Trocknen aufgestellt. Im optischen Dialog dazu die weißen Bertoia-Stühle und die exzentrischen Sesselbezüge aus Rindsleder.

Seite 6: Die Komposition von Objekten verschiedener Kulturen vermittelt sowohl bewusste Entscheidungsprozesse als auch persönlichen Geschmack. Handgewebte Teppiche, ein indisches Bett sowie antike und zeitgenössische Gefäße schaffen hier Harmonie in einem modernen Raum.

Hugo
Erfurth

EINLEITUNG

Sammler und Innenarchitekten lieben Flohmärkte *(gegenüber)*. Hier beginnt die Jagd. In einem farbenfrohen Durcheinander liegen auf diesem Brüsseler Platz Objekte, die in völlig neuen Zusammenstellungen, an neuen Orten wieder auftauchen werden. In anderen Ländern bieten Wohltätigkeitsbasare oder auch bestimmte Tage, an denen man nicht mehr benötigtes Mobiliar auf die Straße stellen darf, ähnliche Möglichkeiten zum Sammeln.

Dieses Buch befasst sich weder damit, was man sammeln sollte, noch damit, wo man es finden kann. Vielmehr geht es darum, in welchem Rahmen sich Gefundenes und Gekauftes im besten Licht präsentieren lässt, wie es gleichermaßen behütet und unter einer gewissen Kontrolle gehalten werden kann. Alte Schuhe in einem Wandschrank sind nicht weiter bemerkenswert, doch ein einzelner Lederschuh aus den 1920ern, in einer Glasvitrine und mit einem Spot beleuchtet, kann erstaunliche Wirkung erzielen. Ähnlich ist das mit einer Sammlung weißer Teller, die eigentlich nicht zusammenpassen: Verborgen in einem Küchenkästchen bleiben sie unbeachtet, doch an die weiße oder blassgraue Wand des Wohnzimmers gehängt, wo ihre unterschiedlichen Muster und Formen das Licht reflektieren, werden sie zum funkelnden Blickfang.

Sie selbst halten sich vielleicht nicht im Entferntesten für einen Sammler. Möglicherweise gehen Sie jedoch gerne auf Flohmärkte oder in Antiquitätenläden, kaufen Dinge, die Ihnen ins Auge fallen oder Ihre Fantasie beflügeln; Sie hüten familiäre Erinnerungsstücke kleinen Schätzen gleich und tun dasselbe mit außergewöhnlichen Geschenken von Freunden; und Sie machen lange Spaziergänge an Stränden, wo Sie Muscheln und Kieselsteine finden und mitnehmen. Sie bringen all diese Dinge nach Hause, legen sie zu den Büchern im Regal, arrangieren sie liebevoll auf einem Beistelltisch oder einem Sideboard oder hängen sie wie zufällig platziert an die Wand. Indem Sie all das tun, schaffen Sie sich Ihr eigenes, ganz persönliches Museum, bringen Sie Dinge zusammen – seien diese nun Fundstücke, ererbte Andenken oder sorgfältig ausgewählte Sammlerstücke –, um in Ihrer Wohnung, in Ihrem Hause Ihre eigene Geschichte zu erzählen.

Möglicherweise jedoch haben Sie bereits Ihr halbes Leben damit verbracht, eine Sammlung all dessen zusammenzustellen, was Ihnen am Herzen liegt. Zu sammeln beginnen wir, wenn wir noch sehr jung sind. Der Beweggrund ist der instinktive Sammeltrieb. Als kleine Kinder sammeln wir Spielzeugsoldaten, Stofftiere, Puppen und Spielzeugautos. Ältere Kinder sammeln so manches aus Papier – Porträtkarten von Sportlern und Popstars, Autogrammkarten, Briefmarken und Comics. Gerade in der Nahrungsmittelindustrie werden solche Sammelkarten oder -stücke oft produziert, um Kinder anzusprechen. Und natürlich gibt es die traditionellen, von Kultur zu Kultur unterschiedlichen Sammelstücke: Münzen in englischen *Christmas puddings*, *le fèves* in französischem Apfelkuchen. Für die nächste Generation, Jahre später, verwandeln sich diese kleinen Schätze in Kitsch, denn sie hat ihre eigenen Memorabilia, die ihr lieb sind. Erwachsene schließlich entwickeln eine Passion für Kunst, Antiquitäten und Luxusobjekte, für die sie astronomisch hohe Preise bezahlen und die ganze Industriezweige am Leben erhalten (man denke an Fabergé-Eier oder an Kristallfiguren von Swarovski). Ein wahrhafter Aficionado mag Jahre damit zubringen, nach dem einen

MONDIAL CARPET
BONITA

Dieses sorgfältig komponierte Chaos in einem Antiquitätenladen bietet ein ganzes Kaleidoskop an Möglichkeiten *(gegenüber)*. Wie viele dieser Gegenstände werden letzten Endes in einer einzigen Wohnung zusammengestellt werden?

letzten Stück zu suchen, das seine Sammlung komplettiert; ein Frühaufsteher mag auf einem Flohmarkt einen noch unerkannten Schatz finden, der nur Stunden später im Schaufenster eines teuren Antiquitätenladens auftauchen würde. Das ist der Nervenkitzel der Jagd, die Quelle des ersehnten Adrenalinstoßes jedes professionellen Sammlers. Doch der finale Triumph – und die finale Herausforderung – ist es, diese Trophäen so zu präsentieren, dass ihr (gleichgültig ob materieller, ästhetischer oder emotioneller) Wert zur Geltung kommt. Schön arrangierte Pralinenförmchen nämlich können ein ebenso erfreulicher wie fantasieanregender Anblick sein wie eine Sammlung unbezahlbarer Gemälde.

Die Bilder in diesem Buch stammen von dem renommierten französischen Fotografen Gilles de Chabaneix, der – mit seinem untrüglichen Auge für gute Dekorationsideen oder persönliche Geschichten erzählende Details – mehr als vierzig Jahre lang Interieurs auf der ganzen Welt fotografiert hat. Ein Ergebnis daraus ist ein Konvolut an Bildern, die all die Möglichkeiten zelebrieren, wie sich geliebte Sammlungen in private Wohnwelten integrieren lassen. Wie präsentiert man zu Hause beispielsweise hundert verschiedene antike Schalen? Oder zweihundert Schmetterlinge? Oder dreihundert Muschelschalen? Was fängt man mit einem restaurierten Einkaufswagen an, mit einer Kollektion Comic-Erstausgaben oder einem Haufen Elefantenknochen? Oder, etwas konventioneller, wie macht man das Beste aus einem Satz nicht zusammenpassender Familienfotos oder einer riesigen, alten Kommode, die in sichtbarem Gegensatz zum Rest der Einrichtung steht? Mit all den Menschen rund um die Welt – und viele von ihnen sind talentierte Designer –, die ihre persönlichen Schätze zu sammeln und in ihren Wohnräumen zu arrangieren wissen, werden hier Hunderte großartiger Ideen präsentiert, die jeden zu inspirieren vermögen.

Der Sammelvirus ist verantwortlich für eine unüberschaubare Menge an Krimskrams. Die Beziehung zu jenen Dingen, die uns am Herzen liegen, kann so intim werden, dass es fast unmöglich wird, auszusortieren, wegzuwerfen oder sie zumindest zu ordnen. Besonders schwierig ist das mit Erbstücken: die Porzellanschweinchen oder Militaria, die die Eltern sammelten, passen selten zur Einrichtung oder zum Interesse ihrer Kinder. Gerade Erbstücke machen besondere Probleme, denn einerseits passen sie nirgendwo dazu, andererseits will man sie nicht einfach wegwerfen, würde man damit doch jene verletzen, die einem diese Stücke vermacht haben. Also werden diese Erbstücke zu einer unerschöpflichen Quelle für jene Waren, die auf Sammlermessen, privaten und öffentlichen Flohmärkten oder bei Online-Auktionen verkauft werden. Dinge einfach nur zu horten, ist eine andere Falle, in die Sammler oft stolpern. Manche Menschen besitzen Sammlungen von solchem Wert, dass sie sie in Banksafes aufbewahren, oder sie besitzen solche Unmengen, dass sie die Objekte in Schachteln unter dem Bett verstauen. Es ist allemal besser, wie mir ein Sammler einst riet, zu entscheiden, wo etwas hin soll, auf ein bestimmtes Regal oder in eine Vitrine, und wenn der Platz voll ist, sollte man mit dem Sammeln aufhören.

Coca-Cola
TIMES SQ.
BROADWAY
AN ENDLESS
THE

Der Prozess des Sammelns kam in dieser Pariser Wohnung zu wahrer Blüte *(gegenüber):* Nahezu jedes Objekt ist eine triumphal nach Hause transportierte Errungenschaft von Flohmärkten und Antiquitätenläden in ganz Europa. Auf wundersame Weise entwickelte sich aus nicht zusammenpassenden Kaffeehaustischen, merkwürdigen Glasvasen und architektonischen Schmuckelementen abgerissener Gebäude eine spannende Komposition.

Sammeln bedeutet nicht allein, ein bestimmtes Objekt auszuwählen und es dann in so vielen Varianten zu finden wie nur möglich. Es bedeutet auch, seinem Wohnraum dieselbe Individualität zu verleihen, wie das bestimmte Accessoires für die persönliche Garderobe tun: Man besitzt das eine oder andere, das man eben nicht überall kaufen kann. Die Wohnungen so mancher Menschen bestehen aus Sammlungen ihrer Lieblingsstücke: Objekte, die sie von Verwandten oder Freunden erbten, restaurierte Stühle aus Trödelläden oder Auktionshäusern, Tische und Regale, die aus recyceltem Holz angefertigt wurden, Kaminumrahmungen und Türen aus weggeworfenen Baumaterialien, alte Lampen, die man selbst mit Stromkabeln versieht – jedoch nichts, was einfach in einem Geschäft gekauft wurde. Manchmal ist es auch eine bestimmte Epoche, die die Sammelleidenschaft treibt: viktorianisch, Art déco, die 1970er oder die 1980er Jahre. Und natürlich kann es auch eine bestimmte Weltengegend, ein geografisch gebundener Stil sein, woraus sich eine Sammlung speist: Afrika, Indien, der amerikanische Südwesten oder englischer Landhausstil. Ein ganzes Leben des Zusammentragens kann nahtlos mit der persönlichen Wohnwelt verschmelzen, es kann perfekt zu einem monochromen Farbschema passen oder sich in einen bestimmten Stil fügen und zu den verrücktesten Wohnträumen passen. Alternativ dazu kann das gesamte Gestaltungskonzept eines Raumes auch um ein, zwei extrem auffallende persönliche Schätze arrangiert werden.

Dieses Buch birgt einen ganzen Kosmos an Möglichkeiten, wie man mit all den Dingen wohnen kann, die einem am Herzen liegen. Zugunsten einer klaren Struktur habe ich Gilles Fotografien nach Objekttypen geordnet: Natürliches oder maschinell Fabriziertes, Seltenes oder Alltägliches, Religiöses oder Ethno-Exponate. Aber genauso hybrid wie eigene Sammlungen es oft sind, finden sich in den meisten Bildern Objekte, die zu verschiedenen der genannten Kategorien zählen. Doch worum auch immer es sich bei den »Lieblingsdingen« handelt: Es gibt nicht nur unendlich viele Möglichkeiten, sie aufzuhängen, aufzustellen oder einzurahmen. Nicht weniger wesentlich sind die Möglichkeiten, sie zu kombinieren, in Balance zu bringen, einander gegenüberzustellen, einen Rhythmus zu schaffen oder einen starken Kontrapunkt, Witz und Ironie, Kontraste, Steigerungsstufen und Gefühl. Raum ist nicht nur ein weiteres zentrales Element, sondern auch einer der schwierigsten Aspekte darin, das gute Stück »richtig« zu positionieren. Erst wenn man dem Objekt Luft zum Atmen gibt oder es durch Kombination mit anderem betont, wird das Arrangement zur fulminanten Inszenierung. So hält diese Zusammenstellung eine Fülle von Ideen bereit, die nicht nur inspirieren, sondern vielleicht auch Anregungen zum Sammeln von etwas ganz Neuem geben.

Doch gleichviel, ob Ihre Sammlung seit Generationen aufgebaut und ins Wohnen integriert wurde, oder ob Sie eben damit beginnen, Ihre Wohnung, Ihr Haus mit Sammelstücken zu schmücken: Dieses Buch zeigt, welch unglaubliches kreatives Abenteuer vor Ihnen liegt.

Stafford Cliff

K A P I T E L 1

FLOHMARKT

Wie man zufällig Gefundenes präsentieren und aufbewahren kann

Sie sind für jedermann zugänglich und auf der ganzen Welt populär: Märkte sind der große Schmelztiegel des Lebens. Flohmärkte können mehr über die Kultur und den Alltag von Menschen erzählen, als dazu je ein Museum in der Lage wäre. Flohmärkte (oder Wohltätigkeitsbasare, Altwaren- und Pfarrmärkte, wie man sie anderswo nennt) werden nahezu überall regelmäßig abgehalten und variieren zwischen klein und enorm groß. Schätze von Flohmärkten teilen sich in zwei Kategorien: Dinge, die als Teil der Einrichtung und als Vervollständigung dieser gekauft werden (Tische und Lampen beispielsweise, aber auch Türknäufe oder Messingtabletts), und solche, die man aus einem Impuls heraus ersteht und die dann allein oder als Teil einer Sammlung in die Wohnräume integriert werden. Nahezu jeder wird aufgrund der Vielfalt und der Unvorhersehbarkeit auf einem Flohmarkt zum Jäger. Etwas Schönes mitten im Chaos eines Flohmarkts zu finden bedeutet pure Freude, die den tatsächlichen, den materiellen Wert des Stücks oft weit übersteigt.

Es ist früh am Morgen, spürbar wächst die Anspannung auf dem Markt. Gute Geschäfte wollen gemacht werden, wahre Schätze könnten einem leicht durch die Finger gehen. Kenner, die oft viel mehr wissen als die Händler, unterziehen die Waren einer genauen Prüfung.

Vorhergehende Doppelseite
Die Möbelstücke in diesem Haus in den Cevennen sind offensichtlich eine Sammlung aus Fundstücken von verschiedenen Flohmärkten und Antiquitätenläden. Die unkomplizierte Zusammenstellung, die Selbstverständlichkeit der Möbel verleiht der Einrichtung eine gewisse Würde, vor allem jedoch Harmonie.

Die Platzierung der gepolsterten Louis-seize-Stühle lenkt die Aufmerksamkeit auf den offenen Kamin. Die Bilderwand auf der linken Seite transportiert konventionelle, ja altmodische Eleganz, die von dem schlichten Campingbett darunter – versehen mit Kissen wurde es in eine Chaise longue verwandelt – relativiert wird.

Für diese New Yorker Wohnung *(oben)* wurde die Kunst der Navajo-Indianer in die Metropole gebracht. Das hölzerne Objekt über der Kommode ist ein sogenanntes »Tramp Art«-Exponat: Gebrauchsgegenstände, die vor Jahrzehnten aus weggeworfenen Materialen angefertigt wurden. Was heute hohen Sammlerwert besitzt, war einst alltäglich.

Auf große Harmonie wird in dieser Pariser Wohnung kaum Wert gelegt. Das Durcheinander auf dem Tisch erinnert an einen Flohmarktstand, woher die Objekte möglicherweise einst auch kamen. Ähnlich zwanglos sind die Möbelstücke arrangiert.

Die ganze Welt in einer Ecke *(links)*: Der Besitzer dieses Hauses auf einer griechischen Insel stellte ein altes Boot, eine klassische Büste sowie eine Ansammlung von Vasen und Gefäßen zu einer ausdrucksstarken, dreidimensionalen Komposition zusammen.

Der Inhalt – Bücher und Objekte aller möglichen Formen und Farben – dieses Bücherregals einer New Yorker Wohnung *(rechts)* ist im besten Sinn des Wortes eklektisch. Diszipliniert wird die Sammlung, indem sie strikte innerhalb des Regals bleibt. Legte man auch nur ein paar Bücher heraus, veränderte dies die gesamte Grafik des innenarchitektonischen Entwurfs. Flexible Leuchten auf den einzelnen Regalbrettern erlauben, diese ständig anwachsende und sich verändernde Sammlung in effektvolles Licht zu setzen.

UN ESCLANDRE
GRAND ATLAS MONDIAL
ART BLAKEY &
THE JAZZ MESS
ENGERS A NIGHT
IN TUNISIA
LKJ

Auch hier, in dieser Wohnung in San Francisco, ist es die durch den Schrank gegebene klare Begrenzung, die den zahllosen geliebten Porzellanfiguren einen ganz speziellen Charakter verleiht. Die Sammlung drängt sich auf engstem Platz, ohne dass man sich viele Gedanke über die Komposition des Ganzen gemacht hätte – ausgenommen die Tatsache, dass die kleineren Objekte im Vordergrund platziert wurden.

Im Gegensatz dazu zeugen die Flohmarkt-Trouvaillen auf diesen Regalen eines sizilianischen Hauses von einem unbestechlichen Gefühl für Symmetrie und Gegensätzlichkeit. Das Arrangement ist ein Lehrstück für abstraktes Design, bei dem die Leerräume zwischen den Regalbrettern ebenso betont werden wie die Objekte selbst.

Eine solch großzügige Präsentation von Büchern *(links)* vermittelt eine Wertigkeit, die – es handelt sich hier vorwiegend um Vintage-Comics – nicht unbedingt dem tatsächlichen materiellen Wert der Objekte entsprechen muss. Bücher hinter Glastüren aufzubewahren, hat den zusätzlichen Nutzen, dass kaum Staub an sie herankommt.

Körbe können durchaus (und warum auch nicht) zu Kunstwerken werden *(rechts)*, wenn sie mit Finesse und einem Auge für Komposition arrangiert werden. Dieser französische Wandschrank ist eine Galerie *en miniature* und nicht bloß Stauraum.

Dieses Wohnzimmer *(links)* in einem Haus in der Nähe von Budapest ist wie ein Geschäft – genauer gesagt: wie eine antike Apotheke – gestaltet, wo jedes Teil seinen sorgfältig ausgewählten Platz einnimmt.

In einer Wohnung in Neapel *(rechts)* bilden die vielfarbigen Objekte unterschiedlichster Formen einen effektvollen Kontrast zum weißen Hintergrund. Das Arrangement ist schlicht, die Objekte nichts Besonderes – und doch zieht die sorgfältige Zusammenstellung den Blick auf sich. Der Sessel von Philippe Starck verleiht dem Ganzen einen zeitgenössischen Touch.

EST
OUEST
LA ESTRELLA MISTERIOSA

Farbkontraste können so subtil eingesetzt werden, dass sie in keiner Weise aufgesetzt wirken. Hübsch und ordentlich heben sich die bunten alten Stofftiere von dem neutralen Hintergrund – gedeckt weiße Holzwände – ab. Die großzügig bemessenen Regale geben ausreichend Platz für die ständig anwachsende Sammlung.

Kaminumrahmungen bieten eine ideale Möglichkeit, unterschiedlichste Dinge an einem in sich abgeschlossenen Platz zu einer homogenen Komposition zusammenzustellen. An diesen vier offenen Kaminen *(links)* lassen sich einige der Möglichkeiten ablesen, wie exzentrische und ungewöhnlich geformte Objekte auf der Umrahmung arrangiert werden können.

Man kann aber auch den offenen Kamin insgesamt zur Bühne von Flohmarkt-Fundstücken zu machen. An und um diesen ungewöhnlichen Kamin in einem schottischen Haus *(rechts)* gruppieren sich Delfter Fliesen, ein Modellbauboot, ein Papiermaché-Tablett – und es ist immer noch genug Platz vorhanden, um Neues hinzuzufügen.

CLAVDE

L'oreille est
le chemin du cœur

Besonders dramatisch wirken Sammlerobjekte, wenn sie auf dem Kaminsims vor gerahmten Bildern oder Spiegeln aufgestellt werden *(links)*. Man hat den Eindruck, es würden sich Fenster zu anderen, unendlich weiten Welten öffnen.

Der Zauber dieses Kamins in einem Mailänder Raum *(rechts)* entsteht weniger durch Vielfalt als durch Wiederholung: Spiegelglas-Kerzenleuchter mit brennenden Kerzen.

Eine interessante Möglichkeit, den Blick auf etwas zu lenken, ist, nicht die Sammlung, sondern das Möbelstück, das sie trägt, in den Fokus zu rücken: ein schlichter Klapptisch *(links)*, eine ramponierte Holztruhe *(rechts)* oder ein Regal, das vor Büchern regelrecht überquillt *(gegenüber links)*.

Das eine oder andere Veränderliche kann ein Arrangement interessant machen. Man kann Pflanzen aus dem Garten dazustellen, Seiten eines Buches immer wieder umblättern, frische Blumen hinzufügen oder Kerzen aufstellen.

Schreibtische eignen sich hervorragend dafür, diverse Sammelstücke aufzustellen. Jede der Assemblagen, die hier zu sehen sind *(links)*, fügt der Arbeit, die tatsächlich an diesem Schreibtisch verrichtet wird, eine Dimension hinzu.

Globen, Gemälde mit Seen, Postkarten von Landschaften und ein Modellbauboot: Dieser Schreibtisch *(rechts)* evoziert Weltreisen, gleichgültig ob in der Fantasie oder in der Realität.

Eine innovative Idee aus Haiti *(links):* Eine Wand voller verschiedener Bilderrahmen mit Spiegeln darin. Der eher dunkle Vorraum erhält nicht nur Tiefe, sondern auch Lebendigkeit durch die Lichtreflexe.

Alte Rahmen und gerahmte Bilder wurden hier *(rechts)* in einem alten Fensterrahmen platziert. Der Rahmen wird zum gerahmten Objekt – ein Lehrstück für ein konzeptuelles Vexierbild.

VERLANGEN
te veel
UBORG
TUB

Schmetterlingskästen und Jagdtrophäen (die heute als Trophäen von Flohmärkten und Trödelläden nach Hause getragen werden) sind faszinierende Objekte in einem ansonsten eher biederen Ambiente *(links)*. Sie erzählen vom schmalen Grat zwischen Leben und Tod, Raubtier und Beute.

Die Tradition, ausgestopfte Tierköpfe als Jagdtrophäen an die Wand zu hängen, wird hier *(rechts)* mit Ironie zitiert: Eine Plüschgans, eine Blechente und ein nachgemachter Rehkopf begrüßen in einer Wohnung in San Francisco den Besucher, wenn er von der Jagd heimkehrt.

Zwei Relikte aus jener Zeit, als jedes aristokratische Heim mit Trophäen von wilden Jagden geschmückt war: Stoßzähne, Tierhäupter und eine Krokodilhaut von einer großen Safari in Afrika (sie stammt wahrscheinlich aus dem 19. Jahrhundert) in einem Herrenhaus auf Sizilien *(links)*. Aus der Region dagegen stammen die Trophäen – Rotwild und eine Bergziege – in dem Haus in Grenoble *(rechts)*.

Einige wenige ungewöhnliche Objekte reichen aus, um jedem Raum einen völlig neuen und unerwarteten Charakter zu verleihen *(links)*. Zwei Spielpferdchen auf Rädern stehen einander hier gegenüber, während ein Schafskopf aus Papiermaché und Illustrationen exotischer Insekten die statische Ruhe des ansonsten konventionellen Wohnzimmers konterkarieren.

Es ist immer wieder faszinierend, Objekte zu finden, die für sich nicht bizarr sind, es jedoch werden, wenn sie in ein scheinbar unpassendes Umfeld gefügt werden. In dieser Pariser Wohnung *(rechts)* wurden Gartenstühle von draußen nach drinnen geholt und mit einem Hocker aus Leopardenfell kombiniert. So ist der Essplatz perfekt für ein Mahl aus nur scheinbar lebenden Fischen (tatsächlich sind sie aus Metall) und Muscheln, die zum Abbild eines Menschenkopfs zusammengestellt wurden. Komplettiert wird diese exzentrische Szenerie durch ein japanisch angehauchtes Gemälde. Diese mehr als ungewöhnliche Zusammenstellung macht jeden Besucher neugierig auf die Geschichte dieses Raums.

蘭

EAMES

Sechs Kompositionen *(links):* jede schafft ein überlegtes, jedoch unprätentiöses Bild, indem Lieblingsobjekte in großer Anzahl auf Wandtischen zusammengestellt wurden: Brillen, bunte Flaschen, ein Gefäß mit Würfeln und sogar ein Miniaturschloss. In den meisten Fällen ist auch eine Stehlampe in das Stillleben integriert.

Dekoratives wird lebendig, wenn es den Betrachter – so wie in dieser Wohnung in Mailand *(rechts)* – neugierig macht. Die Holzfigurinen einer Frau und eines Mannes stammen wahrscheinlich aus Spanien und haben einen religiösen Hintergrund, wobei jedoch die Architekturdetails aus Metall und der Glasleuchter aus Murano keinerlei Rückschlüsse auf deren Identität zulassen.

Folgende Doppelseite
Auch Objekte, die ganz offensichtlich nicht zusammengehören, machen neugierig auf die Geschichte dahinter. Alte Dokumente, ein Band, eine Madonna, ein Glas mit Muschelschalen und eine Weinranke sind rund um ein verschlossenes Kästchen auf einem Tisch in einem französischen Haus platziert – als hätte jemand die Szene in aller Eile verlassen.

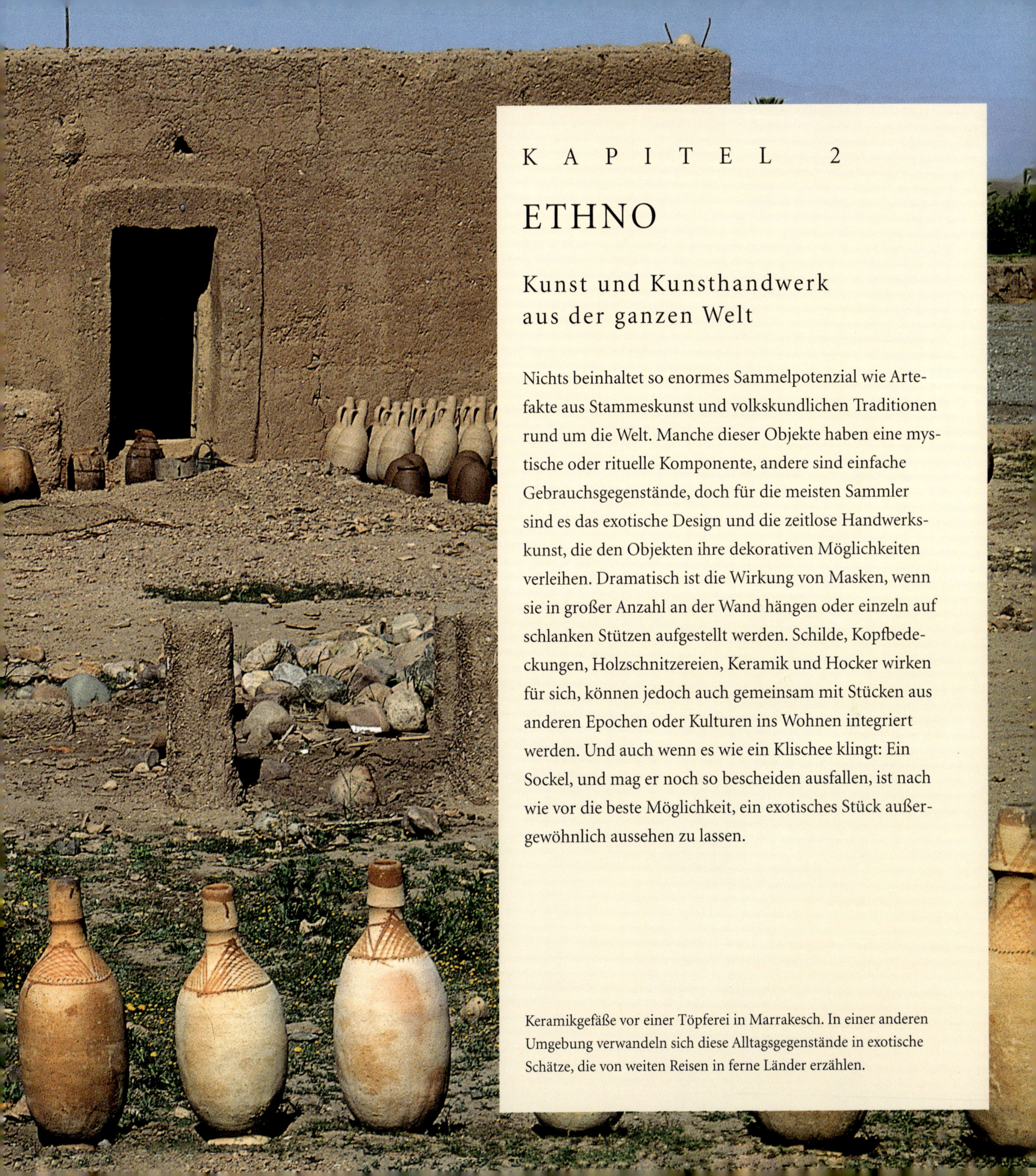

K A P I T E L 2

ETHNO

Kunst und Kunsthandwerk aus der ganzen Welt

Nichts beinhaltet so enormes Sammelpotenzial wie Artefakte aus Stammeskunst und volkskundlichen Traditionen rund um die Welt. Manche dieser Objekte haben eine mystische oder rituelle Komponente, andere sind einfache Gebrauchsgegenstände, doch für die meisten Sammler sind es das exotische Design und die zeitlose Handwerkskunst, die den Objekten ihre dekorativen Möglichkeiten verleihen. Dramatisch ist die Wirkung von Masken, wenn sie in großer Anzahl an der Wand hängen oder einzeln auf schlanken Stützen aufgestellt werden. Schilde, Kopfbedeckungen, Holzschnitzereien, Keramik und Hocker wirken für sich, können jedoch auch gemeinsam mit Stücken aus anderen Epochen oder Kulturen ins Wohnen integriert werden. Und auch wenn es wie ein Klischee klingt: Ein Sockel, und mag er noch so bescheiden ausfallen, ist nach wie vor die beste Möglichkeit, ein exotisches Stück außergewöhnlich aussehen zu lassen.

Keramikgefäße vor einer Töpferei in Marrakesch. In einer anderen Umgebung verwandeln sich diese Alltagsgegenstände in exotische Schätze, die von weiten Reisen in ferne Länder erzählen.

Eine Reihe von Masken und Ahnenfiguren aus Mali und Kamerun *(links)* verwandeln diesen Tisch in einen Altar.

Afrikanische Masken und Reisgötter von den Philippinen wurden in der Pariser Wohnung des Modedesigners Kenzo Takada modernen Skulpturen und Gemälden gegenübergestellt *(rechts)*. Ein schlichter Kieselstein wurde durch seine Platzierung auf einem kleinen Podest in den Status einer Skulptur erhoben und vermittelt gleichzeitig den Eindruck einer Votivgabe.

Dieses Arrangement in einer Pariser Wohnung erinnert an die großen Sammler des 19. Jahrhunderts: Schmetterlingskästen mit Glasdeckeln liegen wie zufällig auf Tischen, Holzproben und ein Behältnis aus einem unbehandelten Stück Baum stehen in Kontrast zur polierten Yoruba-Figur aus Nigeria.

In einem anderen Appartement in Paris findet sich diese formale, an einen Altar erinnernde Assemblage: Frische Pfingstrosen und ein Räucherstäbchen sind zu Füßen von zwei chinesischen Trauerfiguren aus der Han-Dynastie arrangiert.

Vertraute Materialien – in diesem Fall honigfarbenes Holz – stellen eine Verbindung her zwischen der afrikanischen Schnitzarbeit, den gerahmten westlichen Stichen, dem Tisch mit chinesischen Vasen und der modernen, symmetrischen Treppe, aus der sich die Figur eben herausgeschält haben könnte.

Die Reproduktion eines Soldaten der berühmten Terracotta-Armee aus der Qin-Dynastie bewacht den Eingang dieses Hauses in Los Angeles. Die glatten Wände und der zurückhaltende Farbton des Betonbodens verbieten jeden Gedanken an Kitsch bei dieser Figur, die in Massen reproduziert wird.

Vorhergehende Doppelseite
Afrikanische Kuba-Applikationen auf einem Stoff, ein afrikanischer Hocker und ein japanischer Kimonoständer setzen in diesem monochrom weißen Wohnraum in einem mallorquinischen Haus kräftige dunkle Akzente. Die drei pfahlartigen Objekte im Zentrum des Raums waren im alten Zaïre ein traditionelles Zahlungsmittel.

Ethno-Kunst kann, wie in diesem Haus in Monte Carlo *(oben)*, zeitgenössischem Ambiente ein besonderes Flair verleihen. Die Tierskulpturen von Senufo- und Bambara-Stämmen wurden wie in einem Museum auf Sockel montiert, was in sichtbarem Kontrast zu den schlichteren Elementen wie Faltstühle, Bambustisch und Terracottaboden steht. Das dunkle Holz der Schnitzarbeiten verwandelt sogar die Rußspuren rund um den Kamin in ein dekoratives Detail.

Alternativ zum Vorangegangenen kann Stammeskunst das Formelle eines Interieurs auch aufweichen. Die Erdfarben der Stoffe aus Mali, eine Holzmaske aus Nigeria und die afrikanisch inspirierte Schwammmalerei an der Wand kontrastiert die sorgfältig blau gestrichenen Fensterrahmen und -balken und lässt diesen Teil des Zimmers zu einem einladend behaglichen Raum werden.

Die klaren, kräftigen Kuba-Applikationen auf einem Stoff aus dem Kongo, wie Malerleinwand glatt über einen Rahmen gespannt, harmonieren mit den rechten Winkeln und Metalloberflächen dieses minimalistischen, ultra-modernen Interieurs in einem Haus auf Sizilien. Das gesamte Ensemble lässt an eine zeitgenössische Rauminstallation denken.

Schilde, Tierhäute, Gefäße, Schnitzereien und Stoffe wurden in diesem Raum zu einer sorgfältigen Assemblage zusammengestellt, um das exakte Gegenteil zu suggerieren: Das willkürliche Durcheinander, wie man es im Lager eines Händlers finden mag oder in einer königlichen Schatzkammer voller Tributgaben.

Im Wohnzimmer eines Hauses in New Jersey, das ursprünglich eine Ziegelfabrik war, macht ein altes, mitgenommes Senufo-Bett aus Mali den stärksten Eindruck und korrespondiert dabei mit den weichen Konturen eines klassischen Ledersessels der westlichen Hemisphäre.

Die satten Erd- und Ockertöne des Kuba-Stoffes, hier als Betthimmel verwendet, so dass man sich unter dem Himmel Afrikas wähnen kann, kommen vor der dunklen Wand besonders gut zur Geltung. Ein Korb aus Äthiopien bringt einen Farbtupfer zwischen die schwarzen und weißen Objekte auf dem schlichten schwarzen Tisch.

Treppen, Treppenabsätze und Dielen sind Durchgangsbereiche in Wohnungen und Häusern. Ihre vergleichsweise schwierigen Grundrisse stellen Designer und Innenarchitekten oft vor große Herausforderungen. Besonders Treppen jedoch bieten zusätzlichen Platz, um Bilder aufzuhängen oder dreidimensionale Kunstwerke aufzustellen, letztere vor allem dann, wenn sie schmal und hoch geformt sind, so wie beispielsweise diese Malagan-Skulptur *(oben links)* aus Melanesien, die sich im Treppenhaus einer Pariser Maisonette befindet.

Dieser schlanke, hohe Totempfahl *(oben rechts)*, der im Kontrast zu den gedrungenen Formen der Badewanne und der Stühle steht, passt perfekt neben das Fenster dieses Badezimmers in einem korsischen Haus.

Dieses sorgfältig komponierte Ensemble *(rechts)* besteht aus einer geschnitzten Holztür aus Mali, einem äthiopischen Hocker sowie einem Schöpflöffel, der aus einer Kokosnussschale geschnitzt wurde und auf einem Set moderner Schalen und Schüsseln liegt. Im gesamten vermittelt das Bild einen geheimnisvoll-weiblichen Eindruck.

Eine Treppe in der Treppe: Dieser Baumstamm, der einst als Leiter zum Eingang eines Dogon-Hauses in Mali diente, bildet heute den Fokus im Treppenhaus einer Pariser Wohnung – verwandelt in eine abstrakte Holzskulptur, die wirkt, als würde sie ihre Arme dem Licht entgegenrecken.

Im chilenischen Regenwald befindet sich das Anwesen eines amerikanischen Milliardärs, der sich in großem Stil nachhaltiger Ökologie widmet. Sämtliche Wohn- und Nutzbauten auf dem Areal wurden aus regionalen Hölzern und nach umweltfreundlichen Kriterien errichtet. Ein perfektes Setting für die immense Sammlung ethnischer Kunst des Besitzers.

Ein lebender Baumstamm wächst durch dieses tunesische Haus und ist der beherrschende Blickfang in dem ganz in Weiß gehaltenen Raum. Nur das sorgfältig bemalte, geschnitzte Holzkästchen an der hinteren Wand hält hier eine wahre Orgie aus Farben und Mustern bereit.

Gebrauchsgegenstände verschiedener Kulturen wurden in diesem Loft in Argenteuil zusammengestellt. Die klaren Linien eines ostafrikanischen Stuhls, der aus zwei Holzplanken angefertigt wurde, ist wie ein Formenecho des originalen Fabriksofens; Pfeile, Köcher und Bögen westlicher und afrikanischer Provenienz schmücken die Wände aus unbearbeiteten Leichtbausteinen.

Traditionelle afrikanische Trommeln wurden in einem rustikalen Haus in der Provence mit zeitgenössischen Gemälden kombiniert.

Wer in diesem Pariser Appartement in den Spiegel über dem offenen Kamin blickt, sieht sich Auge in Auge mit einer Sammlung grotesker Masken und dem strengen Ausdruck einer Senufo-Figur.

Eine Reiseerzählung eröffnet sich auf diesem Kaminsims in einer französischen Wohnung *(oben)*: Ein Globus, ein Straußenei und eine Vase mit exotischen Orchideen flankieren das alte Geschäftsschild eines afrikanischen Friseurs, das aufgrund der Abwesenheit jeglicher Schrift alle möglichen Interpretationen zulässt.

Alte afrikanische Friseurschilder *(rechts)* mit auf Blech handgemalten Stylingvorschlägen sind zurzeit besonders gesuchte Sammelobjekte.

SWAZI Hair
CONCORD
BOEING
ONE LOVE
HAIR
Sportin' Waves
BOEING 707
GENTLE CUT
RESPECT 2000
MODEL CURRENCY

Modernes Design suggeriert diese traditionelle balinesische Webtasche *(links)* vor den ausgebleichten Bambusstäben.

Wie zeitgenössisches Design wirken auch diese ethnischen Artefakte in einem mexikanischen Haus *(rechts)*. Ein geflochtener Strohkorb mit verschiedenfarbigen Eiern steht auf einer grob mit der Axt behauenen Werkplatte, die auf ein modernes Gestell aus gebürstetem Aluminium montiert wurde, welches wiederum mit der Form der Pueblo-Leiter in der gegenüberliegenden Ecke korrespondiert.

Vorhergehende Doppelseite
Der dreibeinige türkische Ofen ist nicht nur ein wesentlicher Blickfang im Speisezimmer einer Villa in Los Angeles, er verstärkt zudem den traditionell-bodenständigen Eindruck, den die offene Küche hinterlässt.

Schränke mit Glastüren bieten eine einfache, doch effektive Möglichkeit, ethnische Kunst zu präsentieren. Hier *(oben)* sind es dunkle Holzarbeiten aus Ostafrika, die in ihren schlichten weißen »Rahmen« gut zur Wirkung kommen.

Eine ähnliche Assemblage in einem Londoner Haus spielt mit kontrastierenden Braun- und Weißschattierungen, um eine Verbindung zwischen den alten englischen Flaschen in der Vitrine zu dem exotischen Wasserbehälter aus Tansania außerhalb herzustellen.

Verschiedene Arten der Rahmung sind eine weitere Möglichkeit, ganze Gruppen von ethnischen Artefakten nicht nur zu isolieren, sondern ihnen auch Struktur zu verleihen. Hier rahmt afrikanisch inspirierte Schwamm-Malerei an der Wand einer Pariser Wohnung eine Auswahl irdener Gefäße auf einem Kaminsims.

Die gerahmte Reproduktion eines Gemäldes von Georgia O'Keefe ist umgeben von mexikanischen und indianischen Objekten – sie haben O'Keefes Werk wesentlich beeinflusst – aus dem Südwesten der USA. Ein schlichtes Holzkreuz korrespondiert mit der rauen Holzwand in diesem Schlafzimmer eines Hauses in San Francisco. Und wie ein Rahmen aus unbehandeltem Holz wirkt auch das Regal, das die Assemblage auf der Kommode von der Sammlung aus Körben und Keramik darüber trennt.

Im Speisezimmer der Pariser Wohnung eines französischen Modemachers stehen diese massiven Senufo-Hocker von der Elfenbeinküste. Einerseits kontrastieren die Hocker die Luftigkeit des transparenten Tischtuchs, andererseits korrespondieren sie mit der soliden Holzstruktur des schweren Industrietisches.

Die dynamische Form der Senufo-Hocker macht sie zu optimalen Komponenten in modernen Interieurs. In diesem schlichten, puristischen Haus auf der Île de Ré verstärkt der Hocker den unprätentiösen Eindruck, den der Holzboden, die beigefarbenen Wände und der ungefärbte Bezug des Sofas beim Betrachter hinterlässt.

Perfekt fügt sich ein Senufo-Hocker auch in dieses glatte, minimalistische Badezimmer in einem Haus in Los Angeles *(oben)*. Hier wird der Hocker in seiner ursprünglichen Funktion verwendet, denn auch in Mali oder an der Elfenbeinküste, woher der Hocker stammt, kommt er als Untersatz für Lavoires zum Einsatz.

Ein Nupe-Hocker aus dem Norden Nigerias und ein Tisch aus Kamerun verleihen der Bibliothek einer Pariser Wohnung einen Hauch von exotischem Luxus *(rechts)*. Trotz ihrer nicht alltäglichen Formgebung fügen sich diese geschnitzten afrikanischen Holzmöbel hervorragend in jeden beliebigen Raum eines Hauses oder einer Wohnung.

RICHARD LONG
FRANCIS PICABIA
VIONNET
MARIANO FORTUNY
SUBLIME INDIGO
Le costume chinois
OBJETS INTERDITS
FANG

In diesem klassisch-provenzalischen Haus in der Nähe des Dorfes Les Baux-de-Provence finden sich zahlreiche sehr unterschiedliche exotische Artefakte, jedes einzelne von den Besitzern mit Liebe ausgewählt, wurden sie zu einem harmonischen Ganzen zusammengestellt. Als zentraler Blickfang hängt eine riesige Baule-Goli-Maske über dem offenen Kamin, während andere Objekte – darunter auch ein Hocker aus Kamerun, in dessen Sitzfläche eine Spinne geschnitzt wurde – die Randbereiche des wohl proportionierten Raums schmücken. Sämtliche Stücke haben die Besitzer von ihren Reisen mitgebracht.

Eine ganze Sammlung von Keramik sowie Kachina-Puppen der Hopi aus dem amerikanischen Südwesten finden sich in dieser Pariser Wohnung. Solche Gruppierungen traditionellen Kunsthandwerks aus einer einzigen Kultur schaffen ein Dekorationskonzept von starkem inneren Zusammenhang, das den Variantenreichtum innerhalb einer Kultur betont. In diesem Interieur wird aber auch mit Gegensätzen gespielt, indem den Hopi-Artefakten moderne Kunstwerke zur Seite gestellt wurden.

Es ist das rustikale Holz, das in diesem Haus in San Francisco den Zusammenhang zwischen Kakteen, Navajo-Satteldecken, einem wettergegerbten Blechschild und dem Sessel in Missionarstil herstellt.

Ethno-Schmuck verschönert nicht nur Körper, sondern auch Wohnräume. Muschelketten, Brustplatten und Körperschmuck aus Neuguinea und von den Salomonen wurden hier vor einer Reihe von Schwarzweiß-Fotografien aus dem 19. Jahrhundert (sie zeigen Ureinwohner Amerikas) arrangiert. Schalen und Vasen mit getrockneten und frischen Blüten vervollständigen diese dreiteilige Assemblage in einer Pariser Wohnung.

LONDON ART FAIR
TO THE EXECUTIVE CENTRE
Barbour
SALO
cerámica

KAPITEL 3

KUNST

Drucke, Fotografien, Gemälde und Skulpturen

Eigentlich sollte es die einfachste Sache der Welt sein, ein paar Bilder an die Wand zu hängen – doch sehr oft ist es das eben nicht. Denn wenn sich Rahmen, Stile und Motive stark unterscheiden, dann kann es beim Versuch, eine homogene Zurschaustellung geliebter Kunstwerke im eigenen Wohnzimmer zustande zu bringen, doch zu allerlei Schwierigkeiten kommen. Kunst in der eigenen Wohnung gut zu präsentieren, ist nicht allein eine Frage von Größen und Farben, sondern auch eine von Rahmen und zudem eine des Raums zwischen den Werken. Eine Möglichkeit wäre, Bilder nebeneinander auf einem langen Regalbrett aufzureihen oder, wenn sie groß genug sind, an die Wand gelehnt auf dem Boden aufzustellen. Skulpturen wiederum können auf unkonventionellen Sockeln Platz finden, beispielsweise auf Treppen oder Fensterbrettern. Kunstvoll gearbeitetes Glas und Keramik kann ebenfalls von dekorativen Sockeln profitieren. Doch welche Methode auch immer angewandt wird: Der Effekt gut präsentierter Kunst ist immer ein dramatischer.

Kunsthändler, Innenarchitekten und Sammler können bei der London Art Fair unter Tausenden von Kunstwerken wählen. Viele dieser Bilder werden später wohl die Wände eines Privathauses schmücken. Und auch wenn ein gewisses Maß an Geschmack und das richtige Händchen notwendig ist, sind die dekorativen Möglichkeiten doch grenzenlos.

Ein geradezu extremes Beispiel für das Wohnen mit Kunst ist dieser Raum einer Pariser Wohnung, den man durchaus für eine Kunstgalerie halten könnte. Alles, selbst die Stühle, wirken wie Kunstwerke. Der Glaskasten, die hohen Decken und das großzügige Umgehen mit Raum unterstreichen die Galerie-Atmosphäre zusätzlich.

Eine Komposition aus einem einzelnen Bild und ein oder zwei anderen Objekten zu schaffen *(links)*, ist eine Kunst für sich. Sie verlangt ein untrügliches Gefühl für Größenverhältnisse, Proportionen und Zwischenräume.

Das strenge Schwarzweißbild in seinem schweren, dunklen Rahmen gibt ein Gefühl von Ordnung und betont die rechtwinkeligen, klassischen Formen der Kaminumrahmung *(rechts)*. Die Muschelschalen auf dem Kaminsims korrespondieren dank ihrer runden Formen mit der abstrakten Malerei auf der Kaminumrahmung, verleihen der Strenge des gesamten Arrangements Weichheit, stören jedoch in keiner Weise die klare Linienführung des Kamins.

Gemessen an den Bildmotiven, den Lampen und Kleinmöbeln ist der Besitzer dieses Schlafzimmers in einer Pariser Wohnung ein ausgesprochener Barockliebhaber. Das Bett dagegen ist modern und schlicht. Diesen kontrastierenden und doch miteinander korrespondierenden Geschmacksrichtungen wird durch die Bilderrahmen Ausdruck verliehen: An einer Seite sind die Rahmen dunkel und schlicht, an der anderen hell und vergoldet. Die verschieden großen Bilder wurden von einer geraden Unterkante aus gehängt, was eine bestechend harmonische Wirkung hat. Insgesamt präsentiert sich hier eine so subtile wie effektvolle Kombination verschiedener Stile in einem Raum.

Paris – ganz dezent: Schwarzweißfotografien in schlichten Holzrahmen wurden in strikter Symmetrie über einem Bett, das in neutralen Farben gehalten ist, aufgehängt. Dieser Stil verleiht Luftigkeit und Weite an einem schmalen Bett oder in einem kleinen Raum wie beispielsweise einem Gästezimmer.

In diesem Haus in Südfrankreich *(links)* bedient sich der Besitzer einer simplen, doch wirkungsvollen Methode, gerahmte Bilder zu präsentieren: Er lehnt sie einfach an die Wand, als wäre der Raum die Lagerhalle eines Kunsthändlers. Beleuchtet werden die Bilder mit einer schlichten Werkstättenlampe, die man je nach Bedarf von Bild zu Bild tragen kann.

Auch in diesem Appartement in Paris *(rechts)* kultiviert man das Ambiente einer Galerie, indem Skulpturen auf Sockel gestellt und Bilder auf dem Boden an die Wand gelehnt wurden. Die Gesamtkomposition dieser Ecke spielt mit der Wahrnehmung von Größenverhältnissen, woraus faszinierende Dissonanzen zwischen den einzelnen Elementen entstehen: Das große Porträt auf dem Boden und die wesentlich kleinere Elefantenskulptur auf dem hohen Sockel, die zudem mit der Miniatur in Form eines Menschen konfrontiert wird.

Eine Gruppierung von Bildern eines einzigen Malers *(links)* verleiht dem ansonsten schlichten Arrangement starke Ausdruckskraft. Die enge Verwandtschaft zwischen den Gemälden, aber auch ihr Variantenreichtum wird durch die Bilderrahmen unterstrichen: Sie sind zwar aus demselben Holz gefertigt, jedoch in unterschiedlicher Stärke.

Diese Bilder im Bragança Palace in Goa *(rechts)* reflektieren die indo-portugiesische Vergangenheit des ganzen indischen Bundesstaates. Die Formensprache der auf Glas gemalten Porträts aus dem 19. Jahrhundert ist zwar europäisch, hergestellt wurden sie jedoch in Indien. Hier stellte man sie sorgfältig zusammen, so dass die Porträtierten einander anzublicken scheinen. Den Freiraum zwischen den Bildern schmücken hübsche Teller.

Gruppierungen kleiner Bildformate schaffen elegante Kompositionen in unterschiedlichen Interieurs. In diesen beiden Fällen ist es die Farbe der Wand, die zu einem besonders wichtigen Element wird, wirken die Wände doch wie eine Matrix, in die die Bilder wie kleine Juwelen eingebettet sind.

An der hellblauen Wand *(links)* verschmelzen die Bilder selbst fast mit ihrem Hintergrund, während die effektvollen, vergoldeten Rahmen umso mehr betont werden. Die dunkleren Kunstwerke an der cremefarbenen Wand *(rechts)* dagegen wirken höchst lebendig.

Bilder gleicher Farbe und Technik haben dann die stärkste Wirkung, wenn sie eng gehängt werden. Ganz besonders gilt dies in einem Raum, der von einer kräftigen Farbe dominiert wird, so wie das bei diesen Tuschzeichnungen an einer ultramarinfarbenen Wand in einer Pariser Wohnung der Fall ist.

Einen bestechend monochromen Effekt erreicht man, wenn Bilder desselben Genres an eine Wand in ähnlicher Farbe gehängt werden. Die Nachtfalter darstellenden Stiche wurden in dieser Pariser Wohnung sehr eng gehängt, so dass man auf den ersten Blick meint, eine einziges großes Werk vor sich zu haben.

Auch hier ist eine beeindruckende Variante zu sehen, wie »Kunstwerke« gleicher Motive, Größen und Farben präsentiert werden können. Die gerahmte entomologische Schmetterlings- und Nachtfaltersammlung in diesem Speisezimmer eines Hauses auf Korsika erinnert an die Ordnung eines naturhistorischen Museums. Die Leichtigkeit der geflügelten Spezimen betont den luftigen Charakter des Raums und verleiht ihm ein subtiles altmodisches Flair. Das Sammeln seltener Schmetterlings- und Nachtfalterarten zählte einst zu den beliebtesten Freizeitvergnügungen eines Gentleman, gilt jedoch heute als ökologisch unverantwortlich. Die hier gezeigte Sammlung besteht deshalb auch aus historischen Exemplaren.

RAYNAUD
OLYMPIADE DES ARTS
DIEGO GIACOMETTI

Diese abwechslungsreiche und doch zusammenhängende und vor allem kultivierte Sammlung von Schwarzweißfotografien findet sich im Schlafzimmer einer Wohnung in Belgien *(links)*. Jedes der gerahmten Werke – eine Mischung aus Menschen- und Objektfotografien – hat eine andere Größe und Form. Komponiert wurde daraus ein geometrisches Puzzle, das die gesamte Wand einnimmt.

Ein ähnlicher dekorativer Effekt wurde an der Wand einer Pariser Wohnung erreicht *(rechts):* Schwarzweißzeichnungen und Stiche in unterschiedlichen Stilen, Formen und Ausmaßen wurden zusammengestellt, als wären sie verschiedene Seiten eines Skizzenbuchs. Die gesamte Komposition steht in reizvoller Korrespondenz mit den ebenfalls schwarzen und weißen Möbeln. Belebt wird die Szenerie durch das farbige abstrakte Gemälde.

Die Wiederholung einer speziellen Thematik kann dafür genutzt werden, das Auge von einem Interieur zum anderen zu leiten *(links)*. In einer Pariser Wohnung sind es die Farbnuancen und eine Sammlung von Porträts junger Frauen, die die beiden Zimmer zu einer einzigen konzeptuellen Komposition vereinen.

In einer anderen Pariser Wohnung ist es ein einzelnes Bild an der Wand neben der Tür, das die optische Brücke zum nächsten Raum herstellt *(rechts)*: Von diesem Blickwinkel aus betrachtet, korrespondieren die starken Farben des Bildes und jene des Sessels im anderen Zimmer auf bestechende Weise.

PARIS-NEW YORK
PARIS PARIS
MOSCOU PARIS
PARIS BERLIN

Verführerisch wirkt die scheinbare Zufälligkeit, die dieses Zimmer eines Hauses im heißen Südwesten Frankreichs beherrscht. Eine Sammlung von Gemälden – samt und sonders Frauenporträts, darunter einige in lebhaften Gelb- und Rottönen, die ihr optisches Echo in den Teppichen und Möbelstoffen finden – ist rund um einen offenen Kamin und den darüber angebrachten Spiegel angeordnet.

In einem Ferienhaus auf der westfranzösischen Île de Ré *(oben)* verwandelte die sorgfältige Anordnung von Büchern, Gemälden und Schiffsmodellen die gesamte Wand in ein Spiegelbild der Liebhabereien des Besitzers.

Folgende Doppelseite
Bilder, Skulpturen und Bücher mit vorwiegend afrikanischen und kolonialen Themen wurden hier zu einer Assemblage verbunden. Die Attraktivität der gesamten Komposition hängt von der richtigen Balance zwischen Formen und Größen der Objekte sowie des Freiraums zwischen diesen ab.

AFRICA THEN
NICOLAS MONTI
VIET NAM
L'INDE INEXPLORÉE
Guillebaud/Depardon La colline des Anges
Seuil
La Boucle du Niger
RAYMOND DEPARDON
EN AFRIQUE
RAYMOND DEPARDON EN AFRIQUE
SEUIL

Ein ungewöhnlicher Hintergrund verleiht umfassenden Sammlungen vieler kleiner Objekte inneren Zusammenhalt. Dutzende kleiner Bildchen und verschiedener Objekte wurden hier sehr hoch an die kräftig türkisblaue Wand gehängt – eine Methode, die auch verhindert, dass die Kinder all die schönen Kleinigkeiten herunterräumen.

Eine Sammlung ungerahmter Familienfotos wurde hier auf Regalbrettern vor einer leuchtend gelben Wand arrangiert – eine unkomplizierte Möglichkeit, Erinnerungsfotos zu platzieren, sind sie doch jederzeit problemlos auszutauschen oder neu zu ordnen.

Beliebig scheint die Zusammenstellung dieser kleinen Schwarzweißbilder in einem Haus im kalifornischen Bolinas. Doch der Eindruck täuscht, denn aus der Ferne betrachtet sieht die Sammlung wie ein abstraktes Relief aus, das seine Einzelheiten erst in der Nähe preisgibt.

Auch die strikt horizontale Anordnung dieser kleinen gerahmten Bilder schafft einen skulpturalen Effekt. Allerdings ist diese Version leichter zu kreieren – schon allein deshalb, weil man keine Bilderhaken benötigt. Aus der Nähe betrachtet wirken die Fotos auf dem Brett wie ein Bilderbuch über das Leben der Bewohner des Hauses.

Familienfotos wurden hier wie in einem Sammelalbum zusammengestellt. Die Bilderrahmen aus Pappe und Obstkistenholz vermitteln jenen schnörkellosen Minimalismus, der das gesamte Loft dominiert.

In einer Wohnung in Palermo wurden diese Familienfotografien (abwechselnd mit Skizzen und Kunstfotos) religiösen Devotionalien gleich dicht aneinandergereiht. Lebende und bereits verstorbene, tatsächliche und erfundene Familienmitglieder formen hier ein kraftvolles und doch bescheidenes Bild.

Diese drei Beispiele sind zweifellos das Nonplusultra bild-dominierter Räume: Eine außergewöhnliche Sammlung alter Postkarten, die alle berühmte Felsen zeigen *(links)*, gibt dem Kunstgriff, kleine Bilder mit einer Thematik zu einem – überraschend erfolgreichen – großen Ganzen zu vereinen, ein zusätzliches Surplus. Das gilt auch für die Familienfotosammlung, die ein ganzes Pariser Appartement schmückt *(rechts oben)*. In einer anderen Wohnung in Paris *(rechts unten)* bedeckt eine wilde Sammlung aus Fotos, Bildern und Briefen jeden freien Zentimeter dieser Wand. Stunden könnte man hier damit zubringen, jedes Stück einer genauen Betrachtung zu unterziehen.

Diese vier Interieurs *(links)* stellen das unendliche dekorative Potenzial kunstvoller Keramikarbeiten unter Beweis. Ob allein oder in Gruppen arrangiert, immer haben Form, Farbe und Oberflächenstruktur die ästhetische Kraft abstrakter Skulpturen.

Ein hervorragendes Beispiel für die skulpturale Kraft von Keramik ist die Gruppierung dieser Objekte in der Ecke eines Raums in einem Haus in Los Angeles *(rechts):* Drei in der Größe unterschiedliche, in Form und Farbe jedoch gleiche Gefäße wurden durch ihre Anordnung zur beeindruckenden Rauminstallation, die durch den blätterlosen Zweig und die einzelne Schale im nächsten Zimmer eine besondere Note bekommt.

Folgende Doppelseite
Kaum einen größeren Unterschied könnte es geben wie zwischen der sorgfältigen Zusammenstellung monochromer dunkler und durchsichtiger Vasen in modernen, schlichten Formen und der Zurschaustellung witziger, bonbonfarbener venezianischer Glasobjekte. Beide Assemblagen verkörpern typische Stile des 20. Jahrhunderts und bringen ein kräftiges Spiel aus glitzernden Lichtreflexen in den jeweiligen Raum.

Wohnungen bieten zahlreiche und vor allem flexible Möglichkeiten, Kunst zu präsentieren, können doch Massenprodukte, Kunsthandwerk und hohe Kunst problemlos und ohne Diskrepanz koexistieren. In diesem Haus in der Normandie sind es geschnitzte Lockvögel, die einer Reihe gerahmter Gemälde Dreidimensionalität verleihen.

Dieser völlig unprätentiöse hölzerne Elefant aus Massenproduktion auf einem breiten Fensterbrett schenkt dem ganzen Raum stille Würde.

Ihre besondere dekorative Qualität beziehen Skulpturen aus ihrer Dreidimensionalität, die noch betont werden kann, indem die Objekte so platziert werden, dass sie sich mit dem Licht verändern – sei es durch die Nähe eines Fensters oder einer flackernden Kerze. Diese beiden Akte profitieren von ihrer Positionierung nahe an Fenstern. Zweidimensionale Objekte und Kunstwerke – wie etwa die Bilder, die sich im Spiegel reflektieren *(links)*, oder das Porträt, das man durch die Tür sehen kann *(rechts)* – können so platziert werden, dass sie mit den skulpturalen Elementen in einem Raum in Wechselbeziehung treten.

Podeste aus Künstlerateliers *(links)* bringen auch in eine Wohnung die Atmosphäre eines Bildhauerstudios. Der Eindruck ist ein ganz anderer als in Galerien, wo Skulpturen üblicherweise auf Sockeln ausgestellt werden.

Skulpturen von geradezu radikaler Unterschiedlichkeit *(rechts)*, was Stil und Epoche betrifft – klassisch griechisch sowie französisch modern und abstrakt – wurden hier auf einer Grundfläche positioniert. Sie vermitteln nicht nur eine Aura stiller Vertrautheit, sondern reflektieren auch den breit gefächerten Geschmack ihres Besitzers. Das Schwarz und Weiß schafft zwischen den so verschiedenen Objekten eine Verbindung und unterstreicht doch den Kontrast.

K A P I T E L 4

ANTIQUITÄTEN

Schätze aus längst vergangenen Zeiten

Kaum etwas wird so oft und gerne gesammelt wie Antiquitäten. Und nichts ist so teuer. Wer Antiquitäten nicht aus Familienbesitz geerbt hat, kauft meist in spezialisierten Geschäften, bei Kunstauktionen oder entsprechenden Messen. Die offizielle Definition für eine Antiquität lautet, dass das gute Stück zumindest fünfzig Jahre alt zu sein hat, doch oft sind die Objekte weitaus älter und man kennt ihre Provenienz. Mit den Antiquitäten, die in diesem Kapitel gezeigt werden, wurden oft ganze Räume, ja ganze Häuser in einem bestimmten Stil eingerichtet. Manchmal wurden die Sammlungen von Generation zu Generation weitergegeben und wurden über die Jahrzehnte immer größer, nicht zuletzt mithilfe von Händlern, Innenarchitekten und häufigen Besuchen in Antiquitätenläden. Andere Sammlungen wiederum entstanden, weil ihr Besitzer eine Vorliebe für eine bestimmte Epoche oder einen speziellen Stil hat – dies gilt für Objekte aus der viktorianischen Zeit ebenso wie für Pop-Kitsch aus den 1960er Jahren. Die schönsten Räume jedenfalls wirken zeitlos, und das wohl auch deshalb, weil sie den Besucher zu einer Reise in die Vergangenheit einladen.

Das ist nicht das Zuhause eines Antiquitätenliebhabers, sondern fast schon eine Parodie auf einen solchen: Reproduktionen klassischer Statuen im Requisitenlager einer italienischen Filmfirma in der Cinecittà in Rom.

Ein antiker Globus, klassische Statuen und Säulen in der Bibliothek eines Hauses im spanischen Granada *(oben)* erinnern an eine Zeit, als man guten Geschmack nach dem Vorhandensein teurer Antiquitäten bemessen hat. Mit den Vitrinen und der Asiatica-Sammlung wähnt man sich in einer der großen Bibliotheken in der Ära der Aufklärung.

Die klassische sitzende Figur, alte Manuskripte, der antike Globus sowie das Architekturmodell einer gotischen Kathedrale *(rechts)* in einem spanischen Landhaus in Pedrata harmonieren prächtig mit einem modernen Kunstwerk.

Dieses Pariser Arbeitszimmer würde bloß wie eine behagliche Lesestube wirken, wären da nicht der fantastische Lüster und die Jugendstil-Karyatiden an beiden Seiten des Fensters. Die beiden Figuren sind vom Onkel des Besitzers geerbte Gipsreproduktionen figuraler Pilaster, die einst ein Gebäude aus dem 19. Jahrhundert schmückten.

Ernsthaftigkeit verleiht die klassische kopflose Statue in einer Nische diesem Raum in einem Haus in Hamamet in Marokko. Daneben das Bild einer beinlosen Tempelskulptur eines Maisgottes der Maya – ebenfalls Relikt einer untergegangenen Kultur.

Eine klassische Statue *in situ* in der römischen Villa Medici: eine exquisite, formelle Komposition von Antiquitäten, die über vierhundert Jahre alt sind.

Die Vielzahl der zueinander gehörenden Möbelantiquitäten in diesem Raum mit hoher Decke vermittelt den Eindruck – gleichviel ob er den Tatsachen entspricht oder nicht –, sich auf dem Wohnsitz einer der großen, alten Familien zu befinden.

Im Closenberg Hotel auf Sri Lanka wurden alte Möbel so arrangiert, dass man den Eindruck bekommt, das Hotel befände sich in etabliertem, europäischem Familienbesitz. Tatsächlich jedoch wurden die Möbel von lokalen Handwerkern im Stil des Landes angefertigt.

Platziert man Porträts auf reich ornamentierten Kommoden, so schafft man unweigerlich Szenerien, die an antike Asiatika erinnern – eine Reminiszenz an einen buddhistischen Altar, der mit klassischen Büsten oder antiken Masken ein westliches Gepräge erhält. Ein Porträtblatt aus einem alten illustrierten Manuskript, flankiert von Kerzen, auf einer geschnitzten Kommode auf Bali *(links)* und ein vergleichbares Arrangement in einem Museum in Bangkok, wo ein antiker Steinkopf auf einem fantastischen goldlackierten Kästchen thront *(rechts)*.

Ein derartig vollständiges Interieur aus Antiquitäten schafft ein luxuriöses Ambiente. Dieser großartige Raum in der Casa Manila auf den Philippinen wurde ausschließlich mit Möbeln aus dem 19. Jahrhundert (die allerdings philippinische Handwerker in europäischem Stil herstellten) und antikem chinsesischem Porzellan ausgestattet. Damit entstand das Flair von Zeitlosigkeit und Solidität, wie sie seit langem etablierten Familiendynastien zu eigen ist.

Einer ähnlichen innenarchitektonischen Linie folgt man im Bragança Palace in Goa, wo sich dieser ganz mit alten, reich geschnitzten Rosenholzmöbeln dekorierte Raum befindet. Im Gegensatz zum makellosen Interieur auf der gegenüberliegenden Seite, erzählen hier die (vermeintlich) abblätternde Wand und die verblassten sepiafarbenen Fotos mit Wehmut von der Vergänglichkeit der Zeit.

Oft reicht eine Antiquität aus, um einem Raum Eleganz zu verleihen. Große Solitäre wie dieser in strahlenden Farben bemalte Sekretär in einem schwedischen Haus *(links)* sind gleichermaßen nützliche Kommode wie antiker Blickfang. Große, reich verzierte Kommoden und Kästen sind relativ leicht bei Antiquitätenhändlern zu finden, werden sie doch von ihren ursprünglichen Besitzern eher ausrangiert als kleinere, einfachere Möbelstücke.

Kunstvolle Türen dominieren in der Villa Medici diesen ansonsten dunklen und sparsam eingerichteten Raum *(rechts)*. Fantastische Blumenranken und Cherubim scheinen den Besucher in eine geheimnisvolle Kammer jenseits der Tür zu locken.

Folgende Doppelseite
Angesichts der goldgerahmten Bilder und Spiegel, die darauf zu warten scheinen, an die Wand gehängt zu werden, könnte man annehmen, eine wohlhabende Familie sei eben dabei, in dieses großzügige provenzalische Haus zu ziehen. Tatsächlich ist dieser halbfertige Look gewollt und von den Besitzern sorgfältig arrangiert. Diese unkomplizierte und minimalistische Zusammenstellung teurer Antiquitäten ist eine Alternative zu den üblicherweise üppigen Interieurs alter stattlicher Häuser.

Familienporträts im Stil spanischer Malerei öffnen in diesem Haus in Manila Fenster in die Vergangenheit und verleihen dem antiken Interieur des 19. Jahrhunderts ein menschliches Gesicht.

Einer Zeitschiene gleich entfaltet sich diese Wand voller Familienporträts im römischen Palazzo Chigi *(rechts)* vor den Augen des Betrachters und vermittelt den Eindruck aristokratischer Kontinuität. Die kleinformatigen Porträts entstanden in der Zeit vom 17. bis ins 19. Jahrhundert. Heute bedecken sie die Wände eines ganzen Zimmers.

82
S.MARIA LVTVGARDA AVGVSTINI CHISII
PNPIS. FARNESII FILIA MONIALIS ORDINIS
PRAED. IN MON. SS. XISTI ET DOMINICI DE VRBE
ÆT SVÆ A. 17. AN. DOM. 1680
83
ANGELA AVGVSTINI CHISII PNPIS FARNESII
FILIA ÆTAT. SVÆ AN. 15.
ANN. DOMINI 1680
84
FRANCISCA SERAFINA AVGVSTINI CHISII
PNPIS FARNESII FILIA MONIALIS ORDINIS
MINORVM SANCTI FRANCISCI IN MONASTERIO
S. HYERONIMI SENARVM S.A. 17. D.
1681
85
BERENICES AVGVSTINI CHISII
PNPIS FARNESII FILIA ÆTAT SVÆ
ANN. 12 DOMINI 1678
131 bis
ANNA ALDOBRANDINI LVDOVICI CHIGI
MARII ET ANT. DE SAYN WITTGENSTEIN
FILII VXOR
OBIIT DIE 17 SEPTM. 1898
132
ELEONORA MARII PR. CHIGI ET A. DE SAYN
WITTGENSTEIN FILIA
VXOR MARCH. HENRICI INCISA DELLA ROCCHETTA

Porträts von Familienmitgliedern aus verschiedenen Generationen hängen in diesem unkompliziert wirkenden Speisezimmer in einem Budapester Haus neben einem Regal voller antiker Gläser. Die umfangreiche Sammlung auf kleinstem Platz wurde fächerähnlich angeordnet, womit sie an einen Familienstammbaum erinnert und den Eindruck vermittelt, man befände sich im Haus des exzentrischen Nachfahren einer untergegangenen Dynastie.

In dieser Brüsseler Wohnung ist es die Unmenge an Antiquitäten, die den starken Eindruck schafft: Jeder Millimeter der Wand ist hier mit alten Rahmenwinkeln und Teilen von Gipsstukkaturen bedeckt, was im Gesamten betrachtet einen geradezu modernen, abstrakt-geometrischen Effekt kreiert.

Ruhe und Raum wurde den Antiquitäten in diesem Haus in Rangun gegeben. Möbliert wurde das Zimmer mit modernen ostasiatischen Möbeln, deren dunkles Holz und deren schlichte Linien die Wirkung der kunstvoll verzierten antiken Objekte eher komplettieren als dass sie mit ihnen in Konkurrenz träten. Es sind relativ wenige Antiquitäten, die hier mit viel Platz um sich im ganzen Raum verteilt wurden.

Standuhren sind ein weiterer Typ von Antiquität, der einerseits oft von Generation zu Generation vererbt, andererseits immer wieder als ungeliebtes Objekt in Antiquitätenläden angeboten wird. Eingesetzt werden können sie – mit immer bestechendem Effekt – sowohl in hohen, jedoch schmalen Ecken neben Türen als auch in üppig eingerichteten Räumen wie Küchen. Die optische Wirkung der Uhr hängt von ihrem Stil ab: Das blassblau-goldene, englisch-inspirierte Exemplar *(links)* erscheint elegant, die gedrungene schwedische Uhr *(rechts)* mit der fröhlichen Bemalung dagegen unbekümmert und bäuerlich.

Antike Regale verleihen allem, was auf ihnen untergebracht wird, Patina – abgesehen davon, dass sie genuin ein schöner Blickfang sind. Das beeindruckende Mahagoniregal mit gedrechselten Pfosten ist das Erste, das man in diesem Raum wahrnimmt. Auf ihm wetteifert eine Vielzahl unterschiedlicher antiker Objekte um Aufmerksamkeit.

Das spezielle Flair dieser Bibliothek in einem provenzalischen Haus rührt weniger von den kreuz und quer liegenden Büchern oder den verschiedenen Möbelstücken, sondern von der Form des Raums, den Holzverkleidungen aus dem 18. Jahrhundert und den Regalen, die vom Besitzer sorgfältig restauriert wurden.

大懷堂
徽州詹潤山
參究地理
金錢推卦
名地正藥

Chinesische Kalligrafien *(links)* werden aufgrund ihrer Schönheit immer besonders in Ehren gehalten. Hier dominieren sie ein Tableau chinesischer Antiquitäten, die um einen etwas mitgenommenen traditionellen Spieltisch gruppiert sind.

Eine Sammlung exquisiter antiker Keramik aus Japan *(links oben)* wurde hinter den Schiebetüren eines traditionellen Kästchens platziert. Die Schlichtheit der Formen ist der Konnex zwischen den asiatischen Antiquitäten und den westlichen Stahlrohrsesseln im Vordergrund.

Eine gelungene Paarung aus traditionellen und zeitgenössischen chinesischen Elementen *(rechts oben)*: antike Vasen unter moderner Kalligrafie.

Folgende Doppelseite
Wertvolles muss nicht unbedingt mit Ernsthaftigkeit arrangiert werden: Diese Antiquitäten in zwei Pariser Wohnungen sollen eher heitere Dialoge zwischen den Objekten vermitteln.

Seiten 156/157
Anders als die beiden heiteren Pariser Wohnungen erscheint dieser spektakuläre, konsequent neogotisch ausgestattete Raum in einem New Yorker Stadthaus steif und formell. Dass es dennoch nicht für ein Museum gehalten wird, liegt am sichtbaren persönlichen Flair.

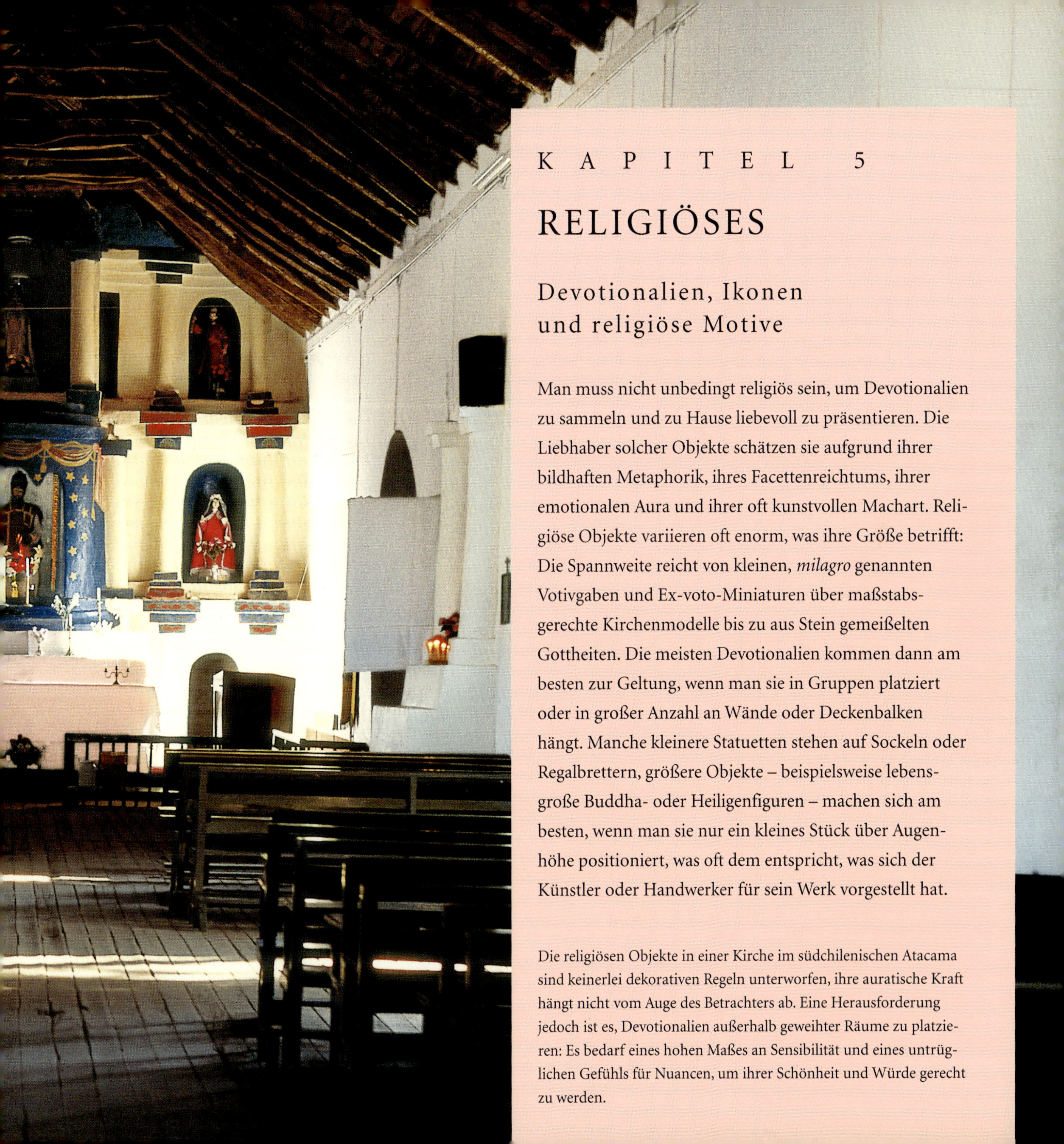

K A P I T E L 5

RELIGIÖSES

Devotionalien, Ikonen und religiöse Motive

Man muss nicht unbedingt religiös sein, um Devotionalien zu sammeln und zu Hause liebevoll zu präsentieren. Die Liebhaber solcher Objekte schätzen sie aufgrund ihrer bildhaften Metaphorik, ihres Facettenreichtums, ihrer emotionalen Aura und ihrer oft kunstvollen Machart. Religiöse Objekte variieren oft enorm, was ihre Größe betrifft: Die Spannweite reicht von kleinen, *milagro* genannten Votivgaben und Ex-voto-Miniaturen über maßstabsgerechte Kirchenmodelle bis zu aus Stein gemeißelten Gottheiten. Die meisten Devotionalien kommen dann am besten zur Geltung, wenn man sie in Gruppen platziert oder in großer Anzahl an Wände oder Deckenbalken hängt. Manche kleinere Statuetten stehen auf Sockeln oder Regalbrettern, größere Objekte – beispielsweise lebensgroße Buddha- oder Heiligenfiguren – machen sich am besten, wenn man sie nur ein kleines Stück über Augenhöhe positioniert, was oft dem entspricht, was sich der Künstler oder Handwerker für sein Werk vorgestellt hat.

Die religiösen Objekte in einer Kirche im südchilenischen Atacama sind keinerlei dekorativen Regeln unterworfen, ihre auratische Kraft hängt nicht vom Auge des Betrachters ab. Eine Herausforderung jedoch ist es, Devotionalien außerhalb geweihter Räume zu platzieren: Es bedarf eines hohen Maßes an Sensibilität und eines untrüglichen Gefühls für Nuancen, um ihrer Schönheit und Würde gerecht zu werden.

Ein vergängliches, durchaus heiteres, jedenfalls jedoch beeindruckendes religiöses Artefakt: Dieses Modell *(links)* einer Kirche wurde aus Wurzelgemüse geschnitzt, und zwar als Gabe eines Erntedankfestes.

Ein etwas langlebigeres Kirchenmodell aus Blech *(rechts)* – möglicherweise ein antikes Souvenir – wurde hier auf einem Tisch in einer Diele aufgebaut. Im Luftzug läuten die kleinen Glöckchen in den Türmen und die hinreißenden Engel drehen sich um die Zwillingsturmspitzen.

Ein malerisches Kirchenmodell *(links)* fügt sich mit seiner stillen, religiösen Aura perfekt in die sanften Pastellfarben eines Hauses auf der Île de Ré.

Diese ungewöhnliche schreinartige Assemblage in einem New Yorker Haus wurde rund um einen hölzernen Miniaturbaldachin (ursprünglich diente er in einer Kirche als Rahmen eines Heiligenporträts) zusammengestellt *(rechts)*. Konservierte Insekten, Bilder von Schlangen und Eidechsen und ein seltsames Reptil, dessen Vorderläufe wie zum Gebet gefaltet sind, animieren den Betrachter dazu, über die Vielschichtigkeit von Mysterien nachzudenken.

Das Haus eines Sängers in Budapest *(oben und gegenüber)* ähnelt einem Antiquitätengeschäft. Schöne und beeindruckende sakrale Objekte stehen, wo sie zwischen weltlichen Platz fanden: Keramik, Apothekergefäße, ein Buttermodel, antikes Glas, Nadelkissen und naive Malerei. In all dem Chaos präsentieren sich die Heiligenporträts und ein »Jesus im Garten Getsemani«-Bild als Teil des optischen Überflusses.

Farbe und Abwechslung im Material bringt dieses Pilgersouvenir – eine Madonna mit Kind aus rostigem Prägeblech – in eine Pariser Wohnung mit ihren weißen Gipsvoluten.

Ein wunderschön gearbeitetes Bildnis der Krönung Mariens (rechts) wurde hier nicht nur wegen seines religiösen Inhalts – Erlösung und Wiederauferstehung, wovon auch die Gemälde unten erzählen – aufgestellt, sondern auch aufgrund der dichten Textur des verblassenden Rahmens, der mit der Keramikvase und der ausgebleichten Holzkommode in einem ästhetischen Zusammenhang steht.

Folgende Doppelseite
Sakrale Gemälde hängen nach wie vor in der Bibliothek eines ehemaligen Priesterseminars in San Cristóbal de las Casas im mexikanischen Bundesstaat Chiapas, das heute als Gästehaus dient. So bewahrt man mit einigen wenigen erhaltenen sakralen Objekten die Geschichte eines Gebäudes, das einst religiösen Zwecken diente, heute jedoch säkularisiert ist.

In einer Wohnung in Budapest wurde eine Unmenge sakraler und säkularer Souvenirs und Dekorationsgegenstände auf einem Sims lose nach Größe und Material geordnet.

Einigen besonders gelungenen und dekorativen Arrangements sakraler Artefakte bleibt jede Form dogmatischer Interpretation versagt. Eine Korona aus Heiligenfiguren, elegant auf kleine Drahtkonsolen gestellt, formen einen Bogen über einer reich bemalten Kommode in Mailand. Sie lenken den Blick auf einen farbenfrohen Schrein, der unerwarteterweise jedoch leer ist und den Betrachter dazu verführt, zu rätseln, wer oder was ihn wohl füllen könnte.

Als wäre diese Assemblage ein Altar geheimer Gebete, finden sich auf dem zweistöckigen Tisch im Dachgeschoß eines Mailänder Hauses abgenutzte, ihrer Identifikationssymbole beraubte Heiligenfiguren (darunter ein Bild des heiligen Isidors, Schutzpatron der Bauern, der über ein Paar pflügende Ochsen wacht) neben einer Kollektion Kerzen, einem ramponierten Schrein und einer Wetterfahne, die möglicherweise von einer Kirche stammt. Das ganze Arrangement suggeriert einen Altar, der Heiligen geweiht ist oder auch Personifikationen von längst vergangenen Handwerkskünsten. Sorgfältig wird jede Möglichkeit zur Identifikation der Figuren vermieden, dafür jedoch jeder Betrachter eingeladen, sich seine eigenen Geschichten zu dieser Szenerie auszumalen.

Eine einzeln stehende Buddhafigur verleiht jedem Raum ein Flair transzendenter Ruhe. Dieser Buddha im Badezimmer eines Hauses in Bangkok *(oben)* suggeriert die gleichzeitige Reinigung von Körper und Geist und verwandelt die Badewanne in ein geweihtes Bassin.

Eine besonders starke Wirkung entfalten sakrale Bildwerke in Dielen und Übergangsräumen. Der alte, einst ganz vergoldete Buddha auf einer runden Kommode in einer Pariser Wohnung lädt den Vorübergehenden ein, innezuhalten. Die Statue wurden zwischen zwei Fenstern platziert, so hat man den Eindruck, die goldene Patina würde eine Aura aus Licht verströmen.

Eine sakrale Skulptur mit irgendeinem Stück aus der Natur zusammenzustellen, schafft eine schlichte, doch schöne Komposition. Diese ramponierte hölzerne Buddhafigur mit einem runden, glatten Kiesel – er ersetzt gewissermaßen die rechte Hand – wird an ihrem Standplatz vom Sonnenlicht gestreift.

Diese mit Blattgold überzogene Buddhafigur trägt einen Kranz aus Frangipaniblüten um den Hals. Wie die anderen Skulpturen auf den vorangegangenen Seiten ist auch sie offensichtlich in der Nähe eines Fensters platziert, so dass man den Eindruck hat, sie würde nicht von außen beleuchtet, sondern von innen strahlen.

Ein auf Blech gemaltes Bild von Kuan Yin, der chinesischen Göttin der Gnade *(links)*, wacht über die Schätze auf dem Schreibtisch eines Künstlers: eine kreolische Puppe, Feuerzeuge, Muscheln, Zündhölzer und eine Lampe, deren Schirm aus recycelten Bierdosen gemacht wurde.

Tokonoma sind ein traditionelles innenarchitektonisches Element japanischer Häuser und gehen auf die Epoche der großen Samurai-Familien zurück. Diese leicht erhöht installierten Alkoven in Wohnräumen werden meist mit kleinen Luxusgütern bestückt. In diesem Fall *(rechts)* sind es chinesisches Porzellan in Form von einer Vase und eines Tellers sowie eine Schriftrolle. Hinzugefügt wurden außerdem verzierte Tintenkästchen, aufgestellt zu Füßen einer Buddhastatuette. In andere *tokonoma* werden Vasen mit Blumen gestellt, die die jeweilige Jahreszeit repräsentieren. Die hoch aufragende Säule aus einem unbehandelten Zedernast ist ein weiteres traditionelles Detail.

Eine Auswahl dekorativer Kompositionen mit sakralen Bildwerken in Schlafzimmern *(links):* ein gesticktes Kreuz *(links oben)*, ein Rosenkranz *(rechts oben)*, eine beachtliche Sammlung aus Kerzenleuchtern und goldenen Ikonen *(links unten)* sowie ein schlichtes, fast abstrakt wirkendes Kreuz in einer Londoner Wohnung *(rechts unten)*.

Eine seltsame, fantastische Ansammlung sakraler Skulpturen – darunter ein gekreuzigter Christus ohne Kreuz und eine goldgekleidete Madonna im Augenblick der Verkündigung, in diesem Fall allerdings unter Abwesenheit des Erzengels – bedeckt jeden Zentimeter der Ablagefläche dieser Kommode, deren zerbrochener Spiegel wie das Fenster in eine andere Dimension wirkt *(rechts)*. Ein geflügelter indonesischer Tiger, ein Plastikdinosaurier und ein Kristallkamel vervollständigen diese surreal-märchenhafte Assemblage.

In der Diele eines Hauses in Los Angeles *(links)* sitzt diese Buddhafigur in einer rechteckigen, monochromen Nische. Der Anblick ist so beeindruckend, dass dem minimalistischen Arrangement nichts mehr hinzugefügt werden muss.

Diese Shiva-Figur steht in einer einfachen Nische am Rand des Swimmingpools in einer Pariser Wohnung *(rechts)*. Flankiert wird sie von üppigem Bambus, den man durch die Glaswand sehen kann. Nischen sind hervorragende Orte, um sakrale Skulpturen zu platzieren: Sie erinnern an Tempel oder Kirchen und rufen unweigerlich Assoziationen mit spirituellen Aspekten des Lebens hervor, die den religiösen Artefakten ihre Aura und damit ihre dekorative Kraft verleihen.

In einem traditionellen japanischen Haus befinden sich diese Buddhafiguren. Sakrale Bildwerke in einem ihnen genuin entsprechenden Setting zu platzieren, hebt ihre Wirkung um ein Vielfaches: ob traditioneller Schrein in Ostasien oder (wie auf der vorhergehenden Doppelseite) die westlich-sekuläre Interpretation eines solchen.

K A P I T E L 6

NATÜRLICHES

Der Charme von Fundstücken aus der Natur

Die Natur ist eine reiche Quelle für dekorative Objekte. Ein großes Blatt aus einem Regenwald, gepresst und getrocknet, kann wie ein Kunstwerk aussehen, wenn es schön gerahmt an die Wand gehängt wird. Auch Samenschoten – vorausgesetzt, ihr Import ist nicht gesetzlich untersagt – können wie exotische Schätze oder abstrakte Skulpturen wirken. Geografisch nicht ganz so weit entfernt finden sich hübsche, dekorative Dinge an Stränden und Flussufern: Kieselsteine, Muschelschalen, kleine Ammoniten und Treibholz. Platziert auf Sockeln oder in größerer Menge auf Regalen und Tischen zusammengestellt werden sie zu außergewöhnlichen und persönlichen Schätzen. Fundstücke aus der Natur sehen in jeder Wohnung, in jedem Haus wunderbar aus, kosten nichts und tragen die Schönheit der Natur in Innenräume. Hier evozieren sie den Duft eines Waldes oder die mächtig rauschenden Wellen an weiten Stränden, wo sie gefunden wurden.

Die Pazifikinsel Bora Bora gilt als eine der kultiviertesten Destinationen, wenn es um eine Reise in die Natur geht. Eine Hütte ganz aus Treibholz könnte durchaus als ultimatives Beispiel für eine Innenarchitektur gelten, die vollkommen aus natürlichen Fundstücken besteht.

Ihre abstrakten Formen lassen diese objects trouvés als Skulpturen erscheinen. Verwitterte, spiralförmig gewachsene Äste *(links oben)* wurden einer modernen Rauminstallation gleich in einem Haus in Sumbawa auf den Philippinen an die Wand gelehnt. In einem flämischen Haus *(rechts oben)* wurden Äste in flache Steine gesteckt und mit handgemachten Papierobjekten versehen, die an Leder erinnern. Ein Stapel Bücher auf einem unbehandelten Baumstumpf, die sich in einem Spiegel reflektieren, bildet ein weiteres eindrucksvolles Element dieser biomorphen Assemblage.

Getrocknete, spiralförmige Äste aus dem Regenwald *(rechts)* – mittlerweile ein teures Accessoire fashionabler Floristen in den Metropolen – schmücken die Wand eines Künstlerateliers auf den Philippinen.

Eine Reihe ellbogenförmiger Äste wurde hier *(links)* hinter eine außerhalb des Hauses verlaufende Leitung gesteckt – eine perfekte Komposition, die ebenso viel Schlichtheit wie Einfallsreichtum vermittelt.

Treibholzstücke, die eindeutig als Phallussymbole durchgehen *(rechts oben)*, wurden von einem Künstler in Kenia gesammelt. Der Eindruck ist hier ein eher organischer denn ein artifizieller.

Welche Formenassoziationen Holzstücken innewohnen, wird vor allem von Menschen mit viel Vorstellungskraft erkannt. Wie Skulpturen präsentiert haben diese Stücke – darunter ein »Engel« und ein »Pferdekopf« – etwas Groteskes, ja geradezu Geisterhaftes *(rechts unten)*. Diese Sammlung findet sich im Strandhaus eines korsischen Künstlers.

Es bedarf eines ungewöhnlich erfinderischen Geistes, gebleichte Holzstücke zu einem majestätischen Thron zusammenzustellen *(links)* oder sie zu einem rustikalen Kerzenleuchter zu machen *(rechts)*. Beide Beispiele sind auf Korsika zu finden. Ihre unausgegorenen, prähistorischen Formen können konventionellen Interieurs etwas kraftvoll Archaisches verleihen.

Die roh bearbeiteten Teile eines Baumstammes dienen im Haus eines belgischen Modedesigners als Stühle und Konsoltische. Die Wurzeln desselben Baums wurden zu einem Lüster umfunktioniert, womit spielerisch so etwas wie die »verkehrte Welt« entstand: Es scheint, als wüchsen die Wurzeln durch die Decke und würden vom Licht und den Menschen, die darunter sitzen, genährt.

Das stark gemaserte und nur notdürftig polierte Holz, das für den niedrigen Tisch und einen Sessel verwendet wurde, verleiht diesem Raum eines Hauses auf den Philippinen kultivierten Naturalismus. Die traditionellen Einbaum-Boote, hier vertikal auf die Spitze gestellt, erinnern an monumentale zeitgenössische Skulpturen.

Kieselsteine, Glas und Muscheln kann man an jedem Strand aufsammeln – nie wird ein Stück dem anderen gleichen *(links)*. Diese kleinen Schätze vom Rand der Meere bieten unzählige Möglichkeiten, sich Muster und Zusammenstellungen auszudenken – gegenständlich oder abstrakt und vollkommen instinktiv, alles ist möglich.

Schwarze Kiesel wurden in diesem französischen Haus zu einem Gesicht arrangiert *(rechts)*. Flackernde Kerzen, seltsame kleine Pfeifen aus Ton und dunkle Farben suggerieren eine Atmosphäre, die ein wenig an Schwarze Magie erinnert und jedenfalls verhindert, dass die Assemblage bloß heiter oder sogar banal wirkt.

Juwelen gleich schimmern Muschelschalen, wenn sie an den Stränden gefunden werden. Ihre Einzigartigkeit in vier Wände zu transportieren, wo sie trocknen und nicht länger in der Sonne glitzern, ist eine Herausforderung der besonderen Art. Eine Möglichkeit wäre, sie in Behältnissen zu präsentieren, die ihrerseits optisch interessant sind. Kleine Muscheln in größere gelegt, zeigt sie als wahre Fundstücke der Natur – als wären die kleinen die Perle in einer Auster. Eine Handvoll kleiner Muscheln vom Strand Kiwaya Islands vor der Küste Kenias wurde in eine große Klaffmuschel gelegt *(links)*. Auf der Insel Sumbara, östlich von Bali, wurden diese Muscheln und Knochenstücke (darunter ein vom Meer reingewaschenes Panzerteil einer Schildkröte) in eine große flache, auf dem Boden stehende Schale gelegt *(rechts)*.

Kleine Muscheln aus Kenia wurden hier ganz unkompliziert auf einem Regal verteilt, das an Sisalseilen hängt, wie sie normalerweise Fischer für ihre Boote verwenden. Der Anblick des gesamten Arrangements bringt eine maritime Nuance in diesen Raum.

Diese sechseckige Kommode in einem mexikanischen Haus zieht ebenso alle Blicke auf sich wie die Muscheln in ihren Schubladen. Dank dieser Schubladen – in jeder einzelnen befindet sich eine bestimmte Muschelart – wird jeder Betrachter zum Entdecker, vermögen sie doch ihre Schätze ebenso zu verbergen wie zu enthüllen.

Diese Korallensammlung in einem Haus auf Bora Bora breitet sich auf einem ungewöhnlichen Wandregal aus: Mit seinen biomorphen Formen erinnert es an ein Korallenriff. Der »Unterwasser-Effekt« ist jedenfalls zauberhaft.

Folgende Doppelseite
In alten Kuriositätenkabinetten gab es all das, was auch hier zu sehen ist: Muscheln, Mineralien, ausgestopfte Vögel. Das einzige Kriterium für den Inhalt war, dass die Objekte optisch ungewöhnlich sein mussten.

Ein Schrank voller kusioser Objekte aus der Natur bewahrt diese vor direktem Sonnenlicht und Staub. Zudem evoziert er das Bild eines Privatgelehrten vergangener Zeiten. Die Netze neben dem Schrank, der mit ausgestopften Vögeln und Eiern angefüllt ist, lassen Bilder von viktorianischen Schmetterlingssammlern vor dem inneren Auge entstehen.

Schmetterlinge, Insekten und geheimnisvolle Dinge aus fremden Ländern wurden in dieser antiken Museumsvitrine in einer Pariser Wohnung fein säuberlich untergebracht. Der Anblick erinnert an die großen Privatsammlungen zur Zeit der Aufklärung.

Knochen, Muschelschalen, Reisesouvenirs, indianische Objekte, asiatisches Porzellan, Axtköpfe, Tonscherben und Münzen: Es ist die Sammlung eines Entdeckers aus dem 17. oder 18. Jahrhundert, hier allerdings modern interpretiert in einer Vitrine in einem Haus in Florida.

In einem anderen Haus in Florida werden die Federn in diesem kleine Glaskasten wie in einem fantastischen und ein wenig surrealen Museumsdisplay präsentiert. Das Glas bewahrt die Federn nicht nur vor Staub, sondern auch vor Zugluft, die sie davonwehen könnte.

Eine Handvoll Kieselsteine, ein rustikales Kreuz, ein kleines Schiffsmodell und ein Wasserspeier *en miniature* wurden hier mitten in einem Küchenregal zwischen zahlreichen Alltagsgegenständen platziert.

Oben, rechts
und folgende Doppelseite
Assemblagen aus Knochen, Samenschoten und alten Bildern in und um das Haus des Künstlers und Fotografen Peter Beard in den Ngong-Bergen in Kenia.

Beard stellt Assemblagen aus Fundstücken her, fotografiert sie und schafft so unter die Haut gehende Kunstwerke, die die radikalen Veränderungen der modernen Gesellschaft Kenias und deren Einfluss auf Landschaften und Traditionen beschreiben.

Das optische Zusammenspiel von Fundstücken aus der Natur und Fotografien ließ hier ein besonders aussagekräftiges Kunstwerk entstehen: Mit einer alten, vergilbten Fotografie, auf der ein traditionelles Beutetier zu sehen ist, und wie zufällig darauf verteilten welken Blättern erzählt Beard davon, dass das Zeitalter der Großwildsafari endgültig der Vergangenheit angehört.
Die Flecken, die wie Blutstropfen aussehen, Knochenschädel und Samenschoten, die die Fotografie umgeben, symbolisieren das vom Aussterben gefährdete Großwild und dessen Bedeutung für die zentral- und ostafrikanische Kultur und ihr Ökosystem.

Anstatt Trouvaillen aus der Natur mit Fotografien zusammenzustellen, paarte der Besitzer eines Hauses in Westfrankreich *(links)* ein altes Schuljahrbuch, ein Kunstbuch und Zeichnungen mit Objekten aus der Natur und erreicht damit einen ähnlich beeindruckenden Effekt.

Auf der Île de Ré steht dieses Haus eines namhaften französischen Designers *(rechts)*, der aus dem Rückenwirbel eines Wals und einem schlichten Stein mit glatter Oberfläche diese bestechende Skulptur schuf.

Folgende Doppelseite
Eine ähnliche Komposition befindet sich auf dem Tisch in einem mexikanischen Haus: die wie ein Schwert geformte, mit Zähnen besetzte Schnauze eines Sägerochens und ein polierter Stein. Das Knochenstück des Rochens ist natürlich eine Antiquität: Sägerochen gehören zu den extrem gefährdeten Arten.

Das Haus eines Künstlers auf der Île de Ré *(oben und gegenüber)* ist mit zahlreichen Assemblagen dekoriert, die sich durch ihre Zusammenstellung aus Zeichnungen, Gemälden und anderen Bildern sowie Objekten, die am Strand gefunden wurden, auszeichnen: von den Wellen glatt geschliffene Kieselsteine, allerlei nautische Fundstücke aus Metall (darunter Fischwaagen, rostige Pfeilspitzen und ein Teil eines zerbrochenen Propellers) sowie bemalte und auf kleine Sockel montierte Treibholzstücke. Kein Objekt gleicht dem anderen, und doch stehen alle Installationen in diesem Haus in einem unverkennbaren optischen Kontext, stammen sie doch alle aus derselben Quelle: dem Meer.

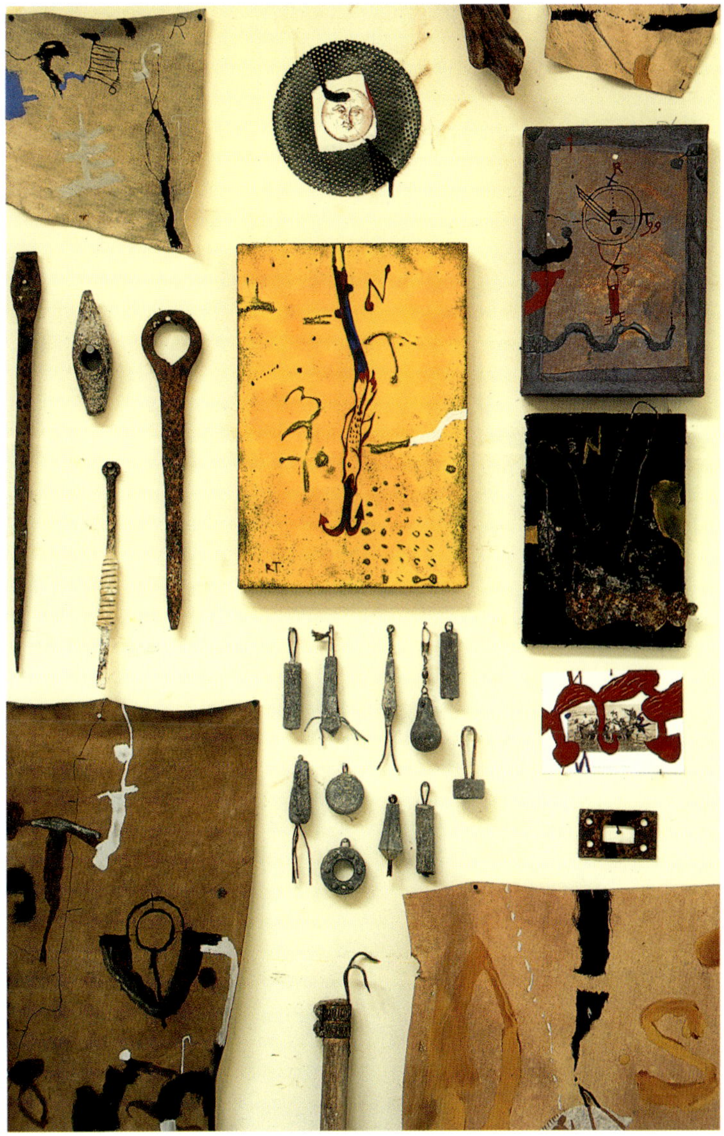

Spielerisch ist der Besitzer eines Hauses im kalifornischen Bolinas *(oben)* mit Treibholz umgegangen: Ein Fragment präsentiert sich wie die Karikatur eines Gesichtes, die anderen wurden wie Kunstwerke in Rahmen gefügt.

Wenn Diamanten und Perlen Juwelen sind, warum nicht auch Treibholz und Samenschoten? Schmuckstücke aus Fundstücken, aufgefädelt auf Hanf- und Bastschnüre *(rechts)*, hängen wie Objekte einer skulpturalen Installation an der Wand eines Hauses in Frankreich und könnten von jedem anspruchsvollen Designer kopiert werden.

Einige wenige rustikale Objekte – prominent platziert – schaffen in dem monochromen Interieur einen dramatischen Effekt. Körbe und hölzerne Schalen verleihen den weißen, leeren Wänden in einem viktorianischen Stadthaus in London nicht nur Wärme, sondern akzentuieren gleichzeitig die zurückhaltenden Details der Raumstruktur.

Ähnlich monochrom, doch in einem wärmeren Farbton präsentiert sich dieses Schlafzimmer eines provenzalischen Hauses. Weidenkörbe, freiliegende Deckenbalken und rustikale Schmuckstücke, schlicht auf die Sprossen einer Leiter gehängt, erinnern an eine altmodische Veranda im amerikanischen Südwesten.

Freiliegende Deckenbalken und ein massiver Sockel aus einem unbehandelten Baumstamm dominieren diesen eklektischen, modernen Raum eines Hauses im indonesischen Sumbawa. An einer Wand hängen japanische Stoffstücke, als wären sie zeitgenössische Kunstwerke.

Die Räume dieses mexikanischen Hauses *(oben und gegenüber)* wurden vom Bestitzer ausschließlich mit dessen Sammlung aus natürlichen Fundstücken und Ethnokunst aus allen Teilen der Welt dekoriert. Zu sehen sind unter anderem ein Stück Schlangenhaut, eine lange Samenschote aus Madagaskar, Tierknochen und ein Bumerang. Spots und ein großer Kürbis hängen an einem unbehandelten Holzbalken. Die stark gemaserten Bodenfliesen wurden aus einem lokalen Stein geschnitten. Er betont den naturalistischen Stil des gesamten Hauses und bildet ein optisches Verbindungsglied zwischen den zahlreichen Details.

3
2
BOWLS
95¢
each
SPECIAL
54¢
75¢
CUPS
75¢
CUPS

K A P I T E L 7

KÜCHENUTENSILIEN

Backformen, Küchengeräte & Co aus der Prä-Plastik-Ära

Gemeinhin nimmt man bei Küchengeräten nicht an, dass sie auch außerhalb der Küche dekoratives Potenzial haben können. Doch Teller, Schüsseln, Gerätschaften aus Blech und altmodische Kochutensilien werden zu interessanten Blickfängen, wenn man sie als Artefakte des Industriezeitalters präsentiert. Stellt man Küchenutensilien in einen ungewöhnlichen Kontext, so dominiert automatisch ihr Design über den praktischen Nutzen, werden ihre Formen attraktiver, ihre Muster künstlerischer, ihre Oberflächen sinnlicher. Doch sollte sich der Schneebesen im Wohnzimmer doch nicht so gut machen, kann auch die Küche zur Galerie werden, und zwar auch für Dinge, die man ständig benützt. Regale bei oder über Arbeitsplatten, wo die Speisen zubereitet werden, können hier zu »Ausstellungsflächen« besonders schöner Teile werden, die man auch sorgfältig arrangieren sollte, selbst wenn sie während des Kochens ständig weggenommen und wieder hingestellt werden. Auf diese Weise lockern die ungewöhnlichen Formen und schönen Farben von Küchenutensilien die tägliche Routine auf.

Das ist keine Küche, sondern sozusagen ihre Genesis: In diesem Diskontladen in New York wird so ziemlich alles angeboten, was Köche und Köchinnen, Hausfrauen und Hausmänner brauchen. Die Stapel aus Tellern und Behältern bergen zahllose dekorative Schätze.

Eine Küche stellt eigene Herausforderungen an ihren Dekorateur: Eine wesentliche Voraussetzung ist, alles – Nahrungsmittel, Geräte, Geschirr – in praktischer Reichweite zu platzieren. Wenn man mit offenen Regalen arbeitet *(links)*, ist eine ästhetisch ansprechende Ordnung der Küchengerätschaften essenziell. Die beiden Beispiele oben betonen die eher nützlichen Aspekte, während unten Schönheit und Design im Vordergrund stehen: Die Farben des Geschirrs wurden hier konsequent auf jene der Wände beziehungsweise des Regalschranks abgestimmt.

Ein offenes Regal mit einer Sammlung aus Kaffeekannen und Schalen dient in diesem hellen, luftigen Haus auf der Île de Ré *(rechts)* als semitransparente optische Brücke zwischen Speise- und Wohnzimmer.

Eine Sammlung unterschiedlichster Gerätschaften füllt dieses Regalbrett, das nicht nur an eine Bauernküche erinnert, sondern auch ein interessantes horizontales Element in das Interieur des Raums bringt. Diese konventionelle Anordnung befindet sich in einem provenzalischen Haus, das heute als Museum fungiert.

Auf ganz ähnliche Art und Weise wird in dieser modernen Mailänder Küche eine Sammlung alter amerikanischer Keramik aufbewahrt. Zwar sind die Regale in drei voneinander getrennte Nischen gefügt, doch Farbe und Form sowie das durchgehende Aufstellen der Krüge auf dem obersten Brett schaffen eine optisch ungebrochene horizontale Linie.

Üblicherweise ist die Küche jener Teil des Hauses oder der Wohnung, den die Besitzer in erster Linie nach eigenen Bedürfnissen einrichten und weniger danach, Gäste zu beeindrucken. Doch in Küchen, in denen auch gegessen wird, ist es durchaus üblich, sie hübsch dekorativ auch für die Augen von Gästen zu gestalten. In einer irischen Küche *(links oben)* thront eine »Brown Betty«-Teekannensammlung stolz auf zwei Regalbrettern über dem Kühlschrank. Sorgfältig geordnetes weißes Geschirr dominiert eine Küche in San Francisco *(links unten)*, wo mit einer schwaren Stehlampe und Spiegeln über dem Spülbecken aber auch eine Wohnzimmer-Atmosphäre vermittelt wird.

Auf Hochglanz polierte Töpfe und Pfannen sowie frische Früchte und Kräuter *(rechts oben)* verschönern diese bescheidene Küche in einem Haus auf Ibiza.

In dieser provenzalischen Küche *(rechts unten)* brechen unterschiedliche Materialien das dominierende Weiß der Küche auf: angelaufenes Silber, glänzender Stahl, antikes Glas sowie Geschirr mit kannelierten oder durchbrochenen Oberflächen. Spiralige Weidenzweige, die die Regale rahmen, dienen nicht nur als ungewöhnliches dekoratives Element, sondern lenken den Blick auch auf die hölzernen Oberflächen der Küchenmöbel. Die Sorgfalt und Aufmerksamkeit, die der Gestaltung dieser Küche zuteil wurden, lassen darauf schließen, dass sie nicht bloß für die Hausarbeit gedacht ist, sondern auch dafür, bewundert zu werden.

Handbemaltes Keramikgeschirr schmückt zumeist andere Räume als die Küche. Eine hohe hölzerne Anrichte ist dabei eine der schönsten und effektivsten Möglichkeiten, seine gesammelten Schätze aus Tassen und Tellern im Wohn- oder Speisezimmer zur Schau zu stellen – so wie das hier mit der irischen Keramik in einem walisischen Haus geschah.

Schranktürchen mit Glas oder einem Metallnetz lassen auch große und variantenreiche Geschirrsammlungen gut zur Geltung kommen. Die unterschiedlichen Formen, Muster und Größen des Geschirrs, das in diesem Schrank in einer Pariser Wohnung verstaut wurde, erinnert an das Chaos eines Flohmarktstands, dennoch wirkt der Küchenschrank wie ein Rahmen und verleiht der Sammlung Zusammenhalt.

Kulinarische Kücheninterieurs in Frankreich *(links und rechts oben)*, auf Korfu *(links unten)* und in Belgien *(rechts unten):* vier von unzähligen Möglichkeiten, wie Töpfe und Pfannen arrangiert werden können – von der klassischen Anrichte über ein schlichtes Regal bis zu einfachen, an der Wand befestigten Regalbrettern.

Offene Regale, auf deren Farbgebung spezielles Augenmerk gelegt wurde, sind besonders apart und können das Flair eines ganzen Raums bestimmen: Blau und Weiß, wie hier in Wales *(links oben)* und Frankreich *(rechts oben)*, schaffen eine kühle, beruhigende Atmosphäre. Sonnenblumengelb und Türkis in einer mexikanischen Speisekammer *(links unten)* und bei einem provenzalischen Küchenkästchen *(rechts unten)* betonen Wärme und Lebendigkeit, was in diesen beiden Fällen nicht nur der Küche an sich, sondern auch der Mentalität des Landes entspricht.

Eine Auswahl von Trinkgläsern präsentiert in einer Budapester Küche *(links)* eine derartig sorgfältig balancierte Mischung aus Farben, Materialien und Formen, dass sie wie eine Rauminstallation in einer Galerie wirkt. Etwas konventioneller nehmen sich die modernen Küchenutensilien im Stahlregal in einer Pariser Küche *(rechts)* aus. Die Überfülle wurde auch hier mit viel Sorgfalt in eine Ordnung gebracht, und der nicht alltägliche Tachine-Deckel wurde prominent ganz oben platziert.

Glas bringt dunkle Räume und minimalistische Interieurs zum Funkeln. Das beweist dieser in die Wand gebaute Schrank eines Hauses in Cooperstown im Staat New York *(links)* – ein Paradebeispiel puritanischer Lebensart im Amerika des frühen 18. Jahrhunderts.

Eine Sammlung figurativer Flakons – größtenteils ursprünglich Parfumfläschchen –, in Szene gesetzt vom einfallenden Sonnenlicht, ist auf der Truhe unter dem Fenster *(rechts)* ein hübscher Anblick.

Folgende Doppelseite
Diese klassische Küche eines Herrenhauses im schwedischen Tureholm ist ein besonderer Rahmen für dekoratives Küchengeschirr. Dank der blau-weißen Malerei, die sich über die Wände und die Möbel zieht, wurde der gesamte Raum zur dekorativen Vitrine einer beeindruckenden Sammlung chinesischen und Delfter Porzellans.

Seiten 242/243
Die witzige moderne Variante der traditionellen Idee, dekoratives Geschirr außerhalb der Küche zu präsentieren: Zerbrochene und unverletzte Teller, Untersetzer, Tassen und Vasen – möglicherweise von Flohmärkten und Recyclingzentren – wurden zu einem gigantischen Wandmosaik zusammengestellt.

Alte, nur zur Hälfte glasierte Keramikgefäße schaffen einen subtildualen Effekt aus unterschiedlichen Farb- und Materialnuancen, wenn sie – so wie hier auf einem Kaminsims in zwei französischen Häusern – in größerer Anzahl zusammengestellt werden.

Aparte Möglichkeiten, Gebrauchsgegenstände so zu platzieren, dass sie in Reichweite sind und doch außer Gefahr, kaputt gemacht zu werden: Ein Brett zum Aufhängen von Bechern in einer böhmischen Küche *(rechts oben)* und hölzerne Löffel und Gabeln – manche nur zur Zier, manche in Gebrauch – in Vertiefungen eines Holzbrettes gesteckt *(rechts unten)*.

Die Vervielfachung eines einzelnen Küchenutensils kann zu einem bemerkenswerten dekorativen Resultat führen. Eine unglaubliche Sammlung alter Rührschüsseln dominiert das Speisezimmer eines Hauses in den Hamptons auf Long Island im Staat New York. Die schlichten weißen Regale lenken alle Aufmerksamkeit auf die unzähligen Varianten an Größen und Mustern dieser Schüsseln, und unweigerlich versucht man sich vorzustellen, wie viel Tausende von Rezepten in ihnen in Köstlichkeiten verwandelt wurden. Auf den obersten Regalbrettern stehen alte Modellboote und altes Kinderspielzeug, während die Regale in der anschließenden Diele mit farbenfrohem Fiesta®-Porzellan aus den 1940er und 1950er Jahren gefüllt sind. Möbel und Böden blieben unauffällig, um den Regalen und ihrem bunten Inhalt auf keinen Fall die Show zu stehlen.

ALLIED

Mascotte chérie

Immer abhängiger werden moderne Stadtbewohner von Technologien, die in nahezu jeden Bereich des Alltags Eingang finden. Zurzeit allerdings macht sich eine Welle der Nostalgie für die Ära vor dem Zeitalter des Plastiks breit. In dieser Küche einer Pariser Wohnung *(links)* zeigt sich dies besonders augenfällig: Hier kultiviert man einen ausgesprochen rustikalen Look, indem Oberflächen unbehandelt blieben und Armaturen sowie Gerätschaften aus längst vergangenen Zeiten fast exzessiv verwendet wurden. Was auf den ersten Blick wie die Küche einer improvisierten Hütte wirkt, ist tatsächlich Teil einer teuren, mit Antiquitäten ausgestatteten Wohnung.

Eine weitere Interpretation des Rustikalen in einer anderen modernen französischen Küche *(rechts)*, in der nichts aus Plastik ist oder zeitgemäßer Technologie entspricht. Traditionelle Tongefäße und Glasflaschen, ein hölzernes Schneidebrett und sogar eine alte Bäckerwaage schmücken die schlichte hölzerne Arbeitsfläche, während geflochtene Körbe die strenge Form des metallenen Rollwagens besänftigen. Die Beleuchtung ist schlicht und praktisch, und auch hier wird Plastik vermieden, um den Eindruck der Zeitlosigkeit nicht zu beeinträchtigen. Auf dem obersten Regalbrett steht eine Reihe bunter Keramik: Dieser typische Schmuck altmodischer Landhausküchen fügt dieser hier einen Zierstreifen aus Farben und Mustern hinzu.

Kuchen- und Schokoladeformen aus Blech und Kupfer besitzen dank ihrer glänzenden Oberflächen und ihrer Formenvielfalt ein wundervolles Dekorationspotenzial. In einem Haus auf der Île de Ré *(links)* schmückt eine Reihe von Schokoladeformen die Wand. Aufgehängt wurden sie symmetrisch links und rechts einer Lampe, die das Blech auch abends funkeln lässt.

Eine schöne, fast surreal anmutende Assemblage entstand an dieser sonnengelben Wand im selben Haus *(rechts):* Schokolademodeln, zum Beispiel in Form von Fischen, verbinden sich mit dem Schwung eines alten Ofenrohrs und einer Sammlung alter Metallwerkzeuge.

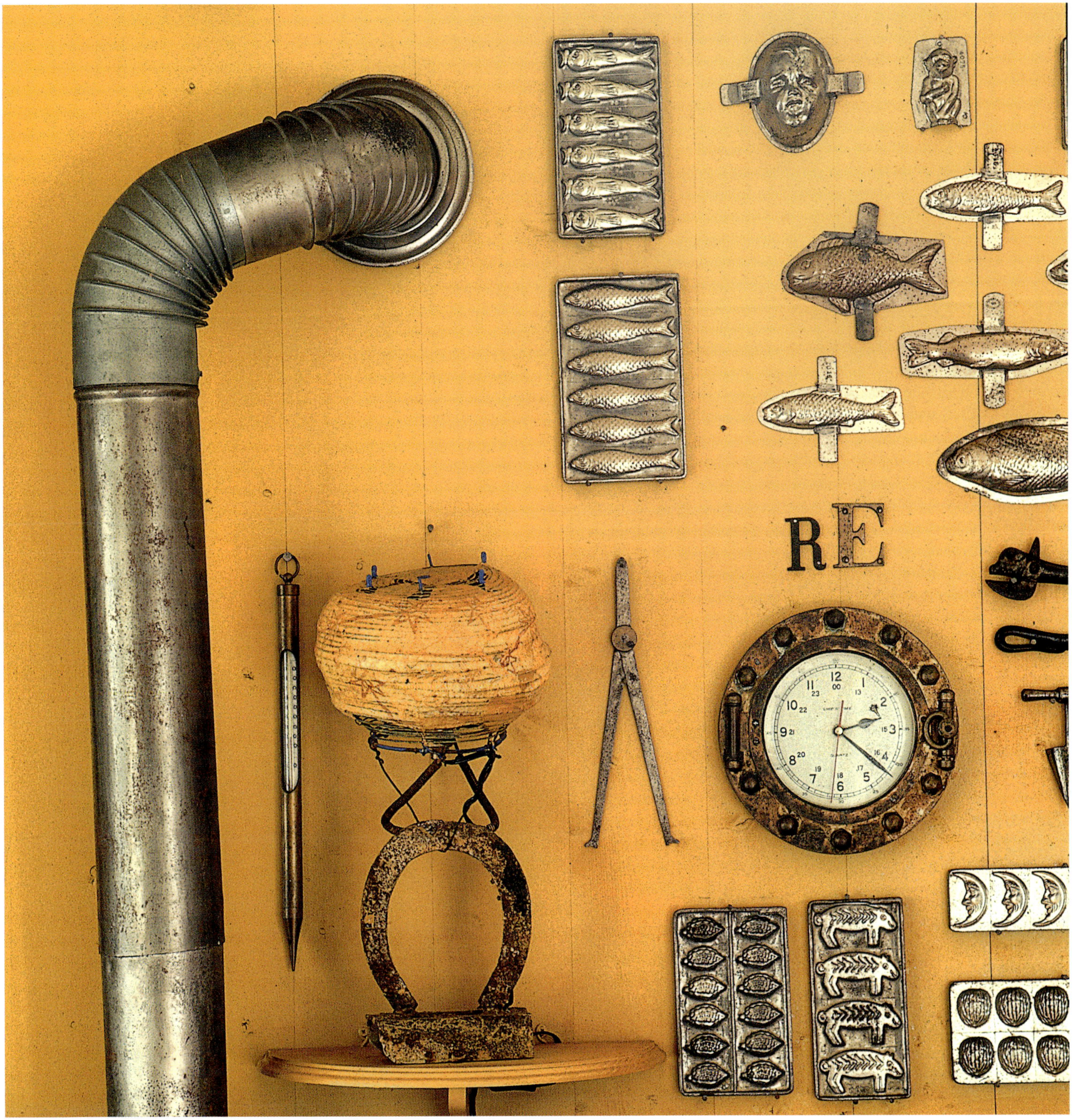
RE

Zweckentfremdete Vintage-Küchen können in anderen Räumen zu beeindruckend stylishen Möbelstücken werden: Eine Einbauküche – inklusive integriertem Tellerwärmer und Uhr – aus den 1930er Jahren *(links)* bildet das dekorative Fundament einer ganz in Rosa und Hellblau gehaltenen Pariser Wohnung im Retro-Design.

Der restaurierte Verkaufswagen eines Straßenhändlers und alte Kaffeehausstühle *(rechts)* bilden eine Art kulturhistorisches Statement in diesem provenzalischen Speisezimmer.

DANKSAGUNG

Bibliografische Information der Deutschen Nationalbibliothek
Die Deutsche Nationalbibliothek verzeichnet diese Publikation in der Deutschen Nationalbibliografie; detaillierte bibliografische Daten sind im Internet über http://dnb.d-nb.de abrufbar.

1. Auflage

Graphisches Konzept & Schutzumschlag:
Stafford Cliff
Lektorat der deutschsprachigen Ausgabe:
Elisabeth Hölzl

ISBN 13: 978-3-85033-261-3

Christian Brandstätter Verlag
GmbH & Co KG
A-1080 Wien, Wickenburggasse 26
Telefon (+43-1) 512 15 43-0
Fax (+43-1) 512 15 43-231
E-Mail: info@cbv.at
www.cbv.at

Die Fotografien dieses Buches ebenso wie der anderen Titel aus der Serie *Wie wir wohnen* sind das Ergebnis jahrelangen Reisens rund um die Welt im Auftrag verschiedener Kunden und Magazinredaktionen. Herzlicher Dank gebührt Catherine de Chabaneix nicht nur für ihre Hilfe während der Arbeit an diesem Buch, sondern auch für ihr ununterbrochenes Engagement, mit dem sie das bemerkenswerte Archiv Gilles des Chabaneix' verwaltet. Außerdem danke all den Menschen, die dazu beitrugen, dieses Projekt zu verwirklichen: Martine Albertin, Béatrice Amagat, Catherine Ardouin, Françoise Ayxandri, Marion Bayle, Jean-Pascal Billaud, Anna Bini, Marie-Claire Blanckaert, Barbara Bourgois, Marie-France Boyer, Marianne Chedid, Alexandra D'Arnoux, Jean Demachy, Emmanuel de Toma, Geneviève Dortignac, Jérôme Dumoulin, Marie-Claude Dumoulin, Lydia Fiasoli, Jean-Noel Forestier, Marie Kalt, Françoise Labro, Anne Lefèvre, Hélène Lafforgue, Catherine Laroche, Nathalie Leffol, Blandine Leroy, Marianne Lohse, Véronique Méry, Chris O'Byrne, Christine Puech, José Postic, Nello Renault, Daniel Rozensztroch, Elisabeth Selse, Suzanne Slesin, Caroline Tiné, Francine Vormèse, Claude Vuillermet, Suzanne Walker, Rosaria Zucconi und Martin Bouazis.

Vielen Dank auch all jenen, die uns das Fotografieren in ihren Häusern und Wohnungen erlaubten: Jean-Marie Amat, Mea Argentieri, Avril, Claire Basler, Bébèche, Luisa Becaria, Dominique Bernard, Dorothée Boissier, Carole Bracq, Susie und Mark Buell, Michel Camus, Laurence Clark, Anita Coppet und Jean-Jacques Driewir, David Cornell, Bertile Cornet, Jane Cumberbatch, Geneviève Cuvelier, Ricardo Dalasi, Anne und Pierre Damour, Catherine Dénoual, Dominique und Pierre Bénard Dépalle, Phillip Dixon, Ann Dong, Patrice Doppelt, Philippe Duboy, Christian Duc, Jan Duclos Maïm, Bernard Dufour, Explora Group, Flemish Primitives, Michèle Fouks, Pierre Fuger, Massimiliano Fuksas, Teresa Fung und Teresa Roviras, Henriette Gaillard, Jean und Isabelle Garçon, John MacGlenaghan, Fiora Gondolfi, Annick Goutal und Alain Meunier, Murielle Grateau, Michel und Christine Guérard, Yves und Michèle Halard, Hotel Le Sénéchal, Hotel Samod Haveli, Anthony Hudson, Ann Huybens, Patrick T'Hoft, Igor und Lili, Michèle Iodice, Paul Jacquette, Hellson, Jolie Kelter und Michael Malcé, Amr Khalil, Dominique Kieffer, Kiwayu Safari Village, Lawrence und William Kriegel, Philippe Labro, Karl Lagerfeld, François Lafanour, Nad Laroche, Rudolph Thomas Leimbacher, Philippe Lévêque und Claude Terrijn, Marion Lesage, Lizard Island Hotel, Luna, Catherine Margaretis, Marongiu, Mathias, Valérie Mazerat und Bernard Ghèzy, Jean-Louis Mennesson, Ilaria Miani, Anna Moï, Leonardo Mondadori, Jacqueline Morabito, Christine Moussière, Paola Navone, Christine Nicaise, Christian Neirynck, Jean Oddes, Catherine Painvin, John Pawson, Christiane Perrochon, Phong Pfeufer, Françoise Pialoux les Terrasses, Alberto Pinto, Stéphane Plassier, Morgan Puett, Bob Ramirez, Riad Dar Amane, Riad Dar Kawa, Yagura Rié, Guillaume Saalburg, Holly Salomon, Jérôme-Abel Séguin, Jocelyne und Jean-Louis Sibuet, Siegrid und ihre Cousins, Valérie Solvi, Tapropane Villa, Patis und Tito Tesoro, Richard Texier, Jérôme Tisné, Doug Tomkins, Anna und Patrice Touron, Christian Tortu, Armand Ventilo, Véronique Vial, Barbara de Vries, Thomas Wegner, Quentin Wilbaux, Catherine Willis.

Zu Dank verpflichtet sind wir auch jenen Magazinen, die uns erlaubten, Fotografien, die ursprüglich bei ihnen erschienen, für dieses Buch zu verwenden: *Architectural Digest* (französische Ausgabe), *Atmosphère, Coté Sud, Elle, Elle à Table, Elle Décoration, Elle Décor Italie, Madame Figaro, Maison Française, Marie Claire, Marie Claire Idées, Marie Claire Maison, The World of Interiors.*

Seite 88/89
London Art Fair ist die größte und bekannteste Kunstmesse Großbritanniens und bietet die einzigartige Möglichkeit, das Beste, was die britische moderne Kunst der letzten hundert Jahre zu bieten hat, zu sehen und zu kaufen. Die Preise rangieren zwischen € 60,– und 60 000,–. www.londonartfair.co.uk